읽으면 저절로 외워지는
기적의 암기공식

일본어 한자 암기박사 2

상용한자 심화학습

쓰기 훈련 노트

SD에듀
(주)시대고시기획

읽으면 저절로 외워지는
기적의 암기공식

일본어 한자 암기박사 2

상용한자 심화학습

쓰기 훈련 노트

SD에듀
(주)시대고시기획

GUIDE

한자 3박자 연상 학습법

한자 3박자 연상 학습법이란?

한자암기박사 시리즈에 적용한 학습법은 '한자 3박자 연상 학습법'입니다. 이 책은 일본어 한자를 익히는 책이지만, 본책의 각 페이지에 적용한 학습법을 보다 쉽게 이해하여 학습의 능력을 높여 드리기 위해서 한국 한자로 쉽게 설명하였습니다. 한국 한자나 일본 한자나 중국 한자(간체자)나 학습법은 모두 똑같습니다.
한자 3박자 연상 학습법(LAM; Learning for Associative Memories)은 어렵고 복잡한 한자를 무조건 통째로 익히지 않고 부수나 독립된 한자로 나누어 ❶ 머리에 쏙쏙 들어오는 생생한 어원으로, ❷ 동시에 관련된 한자들도 익히면서, ❸ 그 한자가 쓰인 단어들까지 생각해 보는 방법입니다.

1 어원 학습

설 립(立) 둘로 된
나란할 병(竝)을
합쳐서

나란할 병(並)

2 연상 암기

並 나란할 병

普 넓을/보통 보

譜 족보/악보 보

3 단어 학습

手並 솜씨
並行 병행
普及 보급
普遍 보편
家譜 가보
画譜 화보

이런 방법으로 된 책의 내용을 좀 더 체계적으로 익히기 위해서 ❶ 제목을 중심 삼아 외고, ❷ 그 제목을 보면서 각 한자들은 어떤 공통점과 차이점으로 이루어진 한자들인지 구조와 어원으로 떠올려 보고, ❸ 각 한자들이 쓰인 단어들은 무엇인지 생각해 보세요. 그래서 어떤 한자를 보면 그 한자와 관련된 한자들로 이루어진 제목이 떠오르고, 그 제목에서 각 한자들의 어원과 단어들까지 떠올릴 수 있다면 이미 그 한자는 완전히 익히신 것입니다.

한자 3박자 연상 학습법의 바탕이 된 7가지 학습법

(1) 어원(語源)으로 풀어 보기

한자에는 비교적 분명한 어원이 있는데 어원을 모른 채 글자와 뜻만을 억지로 익히니 잘 익혀지지 않고 어렵기만 하지요. 한자의 어원을 생각하는 방법은 아주 간단합니다. 한자를 보아서 부수나 독립된 한자로 나눠지지 않으면 그 한자만으로 왜 이런 모양에 이런 뜻의 한자가 나왔는지 생각해 보고, 부수나 독립된 한자로 나눠지면 나눠서 나눠진 한자들의 뜻을 합쳐 보면 되거든요. 그래도 어원이 생각나지 않을 때는 상상력을 동원하여 나눠진 한자의 앞뒤나 가운데에 말을 넣어 보면 되고요.

예

4고(古姑枯苦) ➡ 오랠 고, 옛 고(古)로 된 글자

많은(十) 사람의 입(口)에 오르내린 이야기는 이미 오래된 옛날 이야기니 오랠 고, 옛 고(古)
여자(女)가 오래(古)되면 시어미나 할미니 시어미 고, 할미 고(姑)
나무(木)가 오래(古)되면 마르고 죽으니 마를 고, 죽을 고(枯)
풀(艹) 같은 나물도 오래(古)되면 쇠어서 쓰니 쓸 고(苦)
또 맛이 쓰면 먹기에 괴로우니 괴로울 고(苦)

(2) 공통부분으로 익히기

한자에는 여러 한자가 합쳐져 만들어진 한자가 많고, 부수 말고도 많은 한자에 공통부분이 있으니 이 공통부분에 여러 부수를 붙여 보는 방법도 유익합니다.

예

5망맹(亡忘忙妄芒盲) ➡ 망할 망(亡)으로 된 글자

머리(亠)를 감추어야(ㄴ) 할 정도로 망하여 달아나니 망할 망, 달아날 망(亡)
또 망하여 죽으니 죽을 망(亡)
망한(亡) 마음(心)처럼 잊으니 잊을 망(忘)
마음(忄)이 망할(亡) 정도로 바쁘니 바쁠 망(忙)
(그릇된 생각이나 행동으로) 정신이 망한(亡) 여자(女)처럼 망령되니 망령될 망(妄)
풀(艹)이 망가진(亡) 티끌이니 티끌 망(芒)
망한(亡) 눈(目)이면 장님이니 장님 맹(盲)

이 한자들을 옥편에서 찾으려면 망할 망(亡)은 머리 부분 두(亠)에서, 잊을 망(忘)과 바쁠 망(忙)은 마음 심(心)부에서, 망령될 망(妄)은 여자 녀(女)부에서, 티끌 망(芒)은 초 두(艹)부에서, 장님 맹(盲)은 눈 목(目)부에서 찾아야 하고, 서로 연관 없이 따로따로 익혀야 하니 어렵고 비효율적이지요. 그러나 부수가 아니더라도 여러 한자의 공통인 망할 망(亡)을 고정해 놓고, 망한 마음(心)처럼 잊으니 잊을 망(忘), 마음(忄)이 망할 정도로 바쁘니 바쁠 망(忙), (그릇된 생각이나 행동으로) 정신이 망한 여자(女)처럼 망령되니 망령될 망(妄), 풀(艹)이 망가진 티끌이니 티끌 망(芒), 망한 눈(目)이면 장님이니 장님 맹(盲)의 방식으로 이해하면 한 번에 여러 한자를 쉽고도 재미있게 익힐 수 있지요.

쓰기 훈련 노트 활용법

본 '일본어 한자암기박사2 상용한자 심화학습 쓰기 훈련 노트'는 '[본 교재] 일본어 한자암기박사2 상용한자 심화학습'에 나온 한자들을 직접 써 보며 연습할 수 있는 워크북 개념의 교재입니다. 또한 본 교재와 쓰기 연습 노트에 나온 한자의 순서가 완벽하게 동일하기 때문에, 본책의 mp3 파일이나 유튜브 한자 암기 훈련 영상과 함께 보며, 듣고 따라 쓰면서 학습을 병행하시면 더욱 효과적인 학습이 됩니다.

본 교재

일본어 한자 암기박사2 상용한자 심화학습

읽으면 저절로 외워지는 기적의 암기 공식! [한자 3박자 연상 학습법]에 따라 일본어 한자를 효과적으로 학습할 수 있는 교재입니다. (별도 구매)

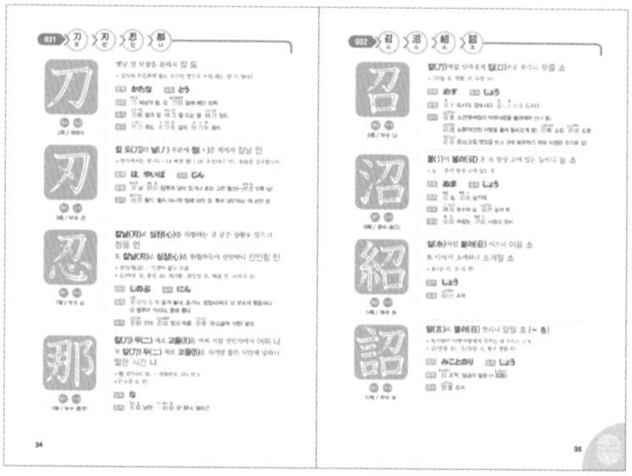

워크북

일본어 한자 암기박사2 상용한자 심화학습 쓰기 훈련 노트

본 교재에 나온 일본어 한자를 직접 쓰며 연습할 수 있는 워크북 개념의 교재입니다. 필순이 한자 내부에 표시되어 있어 손쉽게 차근차근 따라 쓰며 연습할 수 있습니다.

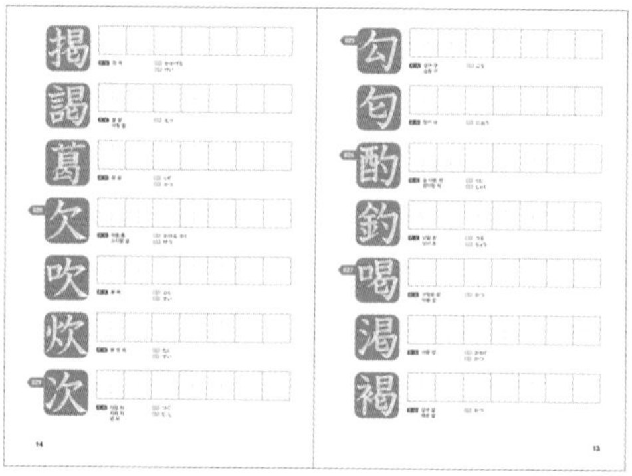

❶ 큼지막한 한자 & 한눈에 확인하는 필순

복잡한 한자의 모양새를 시원시원하게 볼 수 있도록 한자를 큼지막하게 표기하였으며, 필순을 한자 내부에 표기해 손쉽게 순서에 따라 써 볼 수 있습니다.

❷ 최대 7번씩 따라 써 보기

최대한 많이 써 보며 연습할 수 있도록 각 한자를 최대 7번씩 써 볼 수 있게끔 하였습니다.

❸ 각 한자의 훈・음 및 훈독/음독 확인하기

한자 3박자 연상 학습법의 순서로 나열된 한자들을 자연스럽게 연상 암기를 하며 각 한자의 훈・음 및 훈독/음독을 학습할 수 있도록 표기하였습니다. (훈독/음독은 mp3 파일이나 유튜브 한자 암기 훈련 영상을 통해 들어 보실 수 있습니다.)

日本語漢字

일본어 한자 암기 박사 2

상용한자 심화학습

한자 쓰기 훈련

▶ 참고자, 부수자 등의 한자는 쓰기 훈련 노트에서 제외하였습니다.

001

入

훈·음 들 **입**

훈독 いる, いれる, はいる
음독 にゅう

込

훈·음 담을 **입**
채울 **입**
찰 **입**

훈독 こむ, こめる

002

夫

훈·음 사내 **부**
남편 **부**

훈독 おっと
음독 ふ, ふう

扶

훈·음 도울 **부**

음독 ふ

替

훈·음 바꿀 **체**

훈독 かえる, かわる
음독 たい

潜

훈·음 잠길 **잠**
감출 **잠**
숨길 **잠**

훈독 ひそむ, もぐる, くぐる
음독 せん

003

天

훈·음 하늘 **천**

훈독 あめ, あま
음독 てん

咲

훈·음 웃을 소
필 소

훈독 さく

朕

훈·음 나 짐
조짐 짐

음독 ちん

004 元

훈·음 원래 원
으뜸 원

훈독 もと
음독 げん, がん

玩

훈·음 구경할 완
놀 완

훈독 もてあそぶ
음독 がん

克

훈·음 능할 극
이길 극

음독 こく

匹

훈·음 짝 필
하나 필
단위 필

훈독 ひき
음독 ひつ

005 枕

훈·음 베개 침

훈독 まくら
음독 ちん

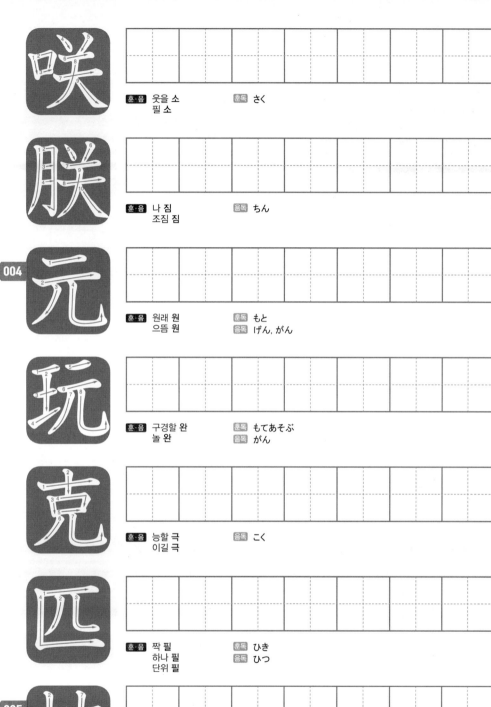

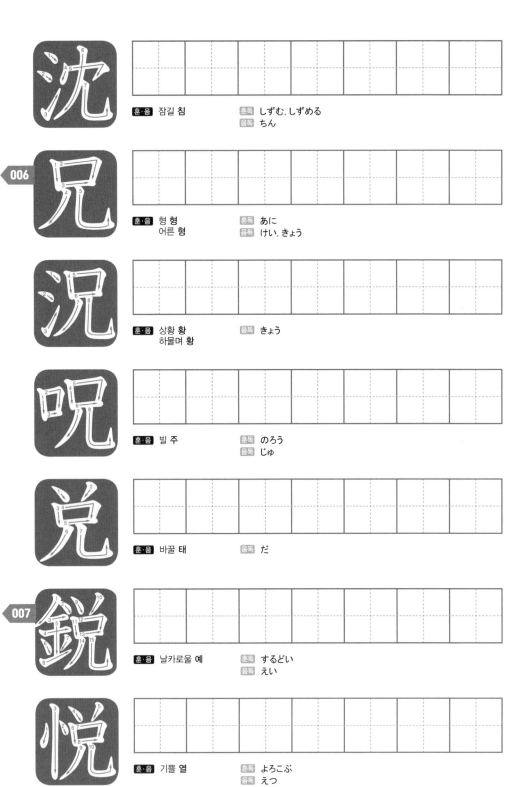

沈

훈·음 잠길 침

훈독 しずむ, しずめる
음독 ちん

006

兄

훈·음 형 형
어른 형

훈독 あに
음독 けい, きょう

況

훈·음 상황 황
하물며 황

음독 きょう

呪

훈·음 빌 주

훈독 のろう
음독 じゅ

兑

훈·음 바꿀 태

음독 だ

007

鋭

훈·음 날카로울 예

훈독 するどい
음독 えい

悦

훈·음 기쁠 열

훈독 よろこぶ
음독 えつ

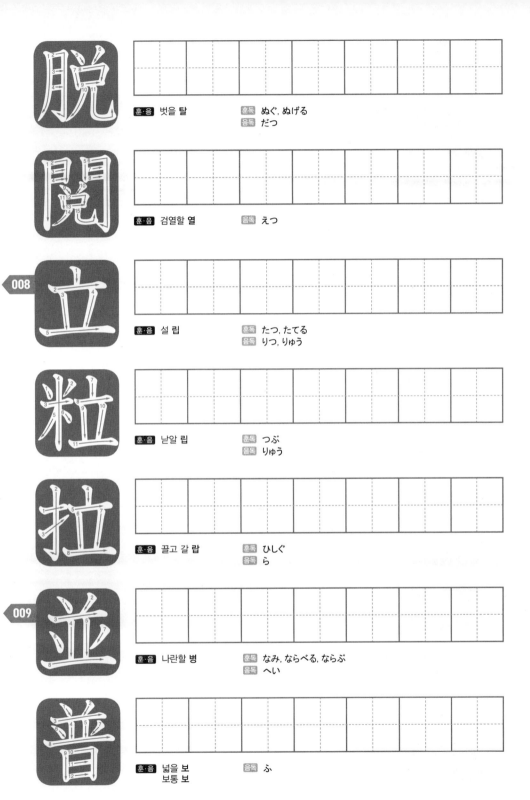

脱

훈·음 벗을 탈

훈독 ぬぐ, ぬげる
음독 だつ

閲

훈·음 검열할 열

음독 えつ

008

立

훈·음 설 립

훈독 たつ, たてる
음독 りつ, りゅう

粒

훈·음 낟알 립

훈독 つぶ
음독 りゅう

拉

훈·음 끌고 갈 랍

훈독 ひしぐ
음독 ら

009

並

훈·음 나란할 병

훈독 なみ, ならべる, ならぶ
음독 へい

普

훈·음 넓을 보
보통 보

음독 ふ

譜

훈·음 족보 **보**
악보 **보**

음독 ふ

010 培

훈·음 북돋울 **배**
더할 **배**

훈독 つちかう
음독 ばい

陪

훈·음 모실 **배**

음독 ばい

賠

훈·음 배상할 **배**

음독 ばい

剖

훈·음 쪼갤 **부**

음독 ぼう

011 音

훈·음 소리 **음**

훈독 おと, ね
음독 おん, いん

章

훈·음 문장 **장**
글 **장**

음독 しょう

彰

훈·음 드러날 **창**
밝힐 **창**

음독 しょう

012

意

훈·음 뜻 **의**

음독 い

憶

훈·음 기억할 **억**
생각할 **억**

음독 おく

臆

훈·음 가슴 **억**
생각 **억**

음독 おく

013

閑

훈·음 한가할 **한**

음독 かん

闇

훈·음 어두울 **암**
어리석을 **암**

훈독 やみ

閏

훈·음 윤달 **윤**

훈독 うるう
음독 じゅん

潤

훈·음 윤택할 윤
붙을 윤

훈독 うるおう, うるおす, うるむ
음독 じゅん

014

竜

훈·음 용 룡

훈독 たつ
음독 りゅう, りょう

滝

훈·음 비 올 롱
여울 랑

훈독 たき

籠

훈·음 대바구니 롱

훈독 かご
음독 ろう

襲

훈·음 엄습할 습
이어받을 습

훈독 おそう
음독 しゅう

015

嫡

훈·음 본마누라 적

음독 ちゃく

摘

훈·음 딸 적

훈독 つむ, つまむ
음독 てき

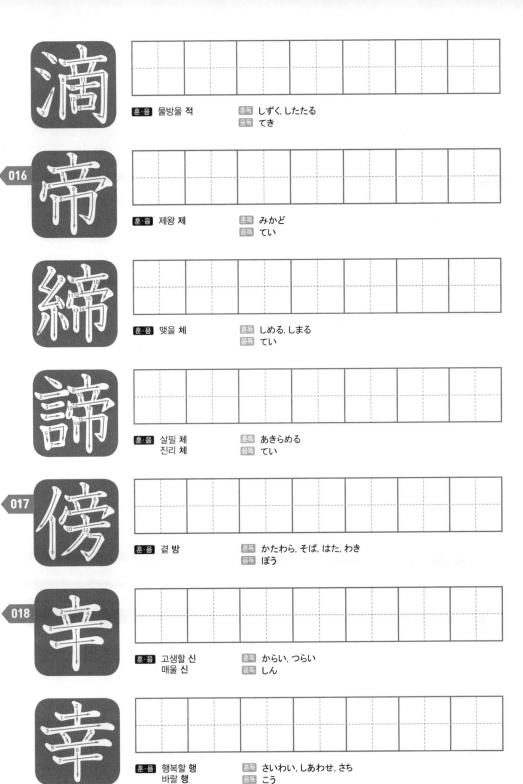

滴

훈·음 물방울 적

훈독 しずく, したたる
음독 てき

016 帝

훈·음 제왕 제

훈독 みかど
음독 てい

締

훈·음 맺을 체

훈독 しめる, しまる
음독 てい

諦

훈·음 살필 체
진리 체

훈독 あきらめる
음독 てい

017 傍

훈·음 곁 방

훈독 かたわら, そば, はた, わき
음독 ぼう

018 辛

훈·음 고생할 신
매울 신

훈독 からい, つらい
음독 しん

幸

훈·음 행복할 행
바랄 행

훈독 さいわい, しあわせ, さち
음독 こう

宰

훈·음 주재할 재
재상 재

음독 さい

019 丸

훈·음 둥글 환
알 환

훈독 まる, まるい, まるめる
음독 がん

執

훈·음 잡을 집
집행할 집

훈독 とる
음독 しつ, しゅう

摯

훈·음 잡을 지

음독 し

020 僕

훈·음 종 복

훈독 しもべ
음독 ぼく

撲

훈·음 두드릴 박

음독 ぼく

021 旬

훈·음 찰 순
열흘 순

음독 しゅん, じゅん

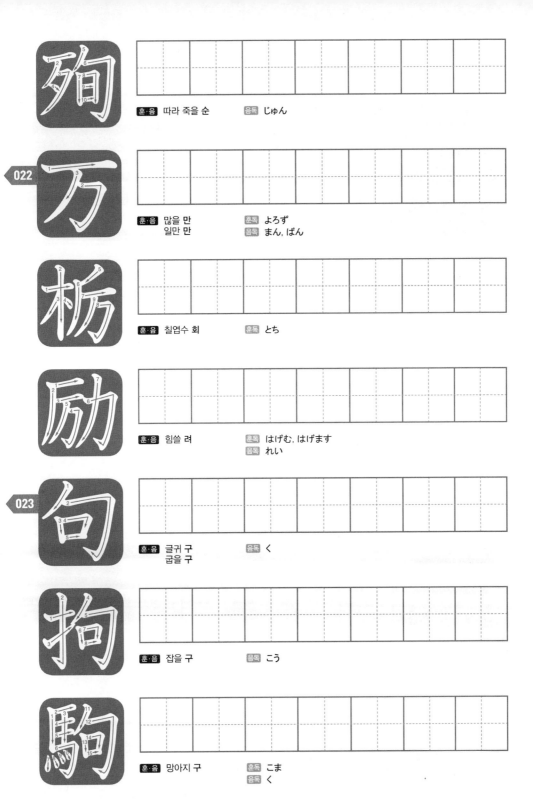

殉

훈·음 따라 죽을 순

음독 じゅん

022 万

훈·음 많을 만
일만 만

훈독 よろず
음독 まん, ばん

栃

훈·음 칠엽수 회

훈독 とち

励

훈·음 힘쓸 려

훈독 はげむ, はげます
음독 れい

023 句

훈·음 글귀 구
굽을 구

음독 く

拘

훈·음 잡을 구

음독 こう

駒

훈·음 망아지 구

훈독 こま
음독 く

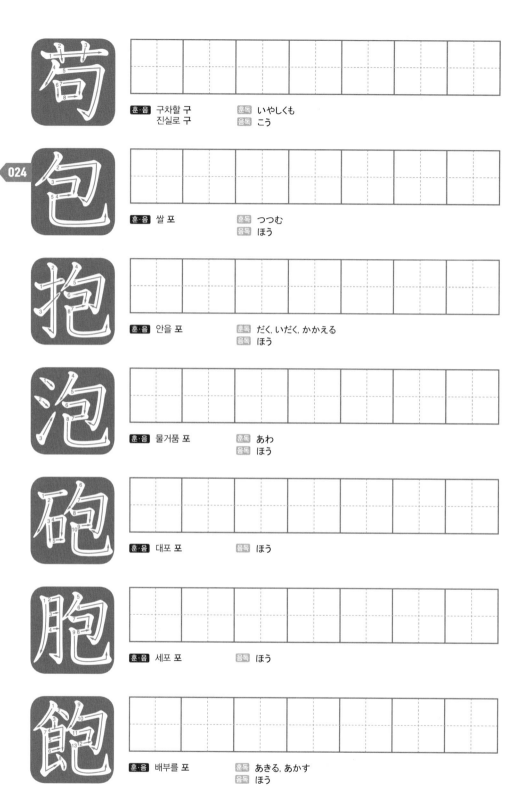

苟

훈·음 구차할 구
진실로 구

훈독 いやしくも
음독 こう

024

包

훈·음 쌀 포

훈독 つつむ
음독 ほう

抱

훈·음 안을 포

훈독 だく, いだく, かかえる
음독 ほう

泡

훈·음 물거품 포

훈독 あわ
음독 ほう

砲

훈·음 대포 포

음독 ほう

胞

훈·음 세포 포

음독 ほう

飽

훈·음 배부를 포

훈독 あきる, あかす
음독 ほう

025 勾

훈·음 글귀 구
굽을 구

음독 こう

匂

훈·음 향기 내

훈독 におう

026 酌

훈·음 술 따를 작
참작할 작

훈독 くむ
음독 しゃく

釣

훈·음 낚을 조
낚시 조

훈독 つる
음독 ちょう

027 喝

훈·음 꾸짖을 갈
부를 갈

음독 かつ

渇

훈·음 마를 갈

훈독 かわく
음독 かつ

褐

훈·음 갈색 갈
베옷 갈

음독 かつ

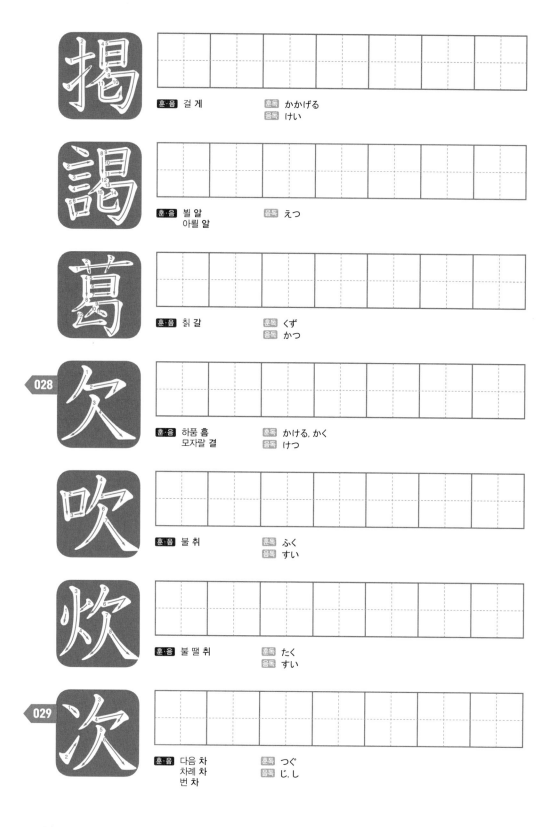

掲

훈·음 걸 게

훈독 かかげる

음독 けい

謁

훈·음 뵐 알
아뢸 알

음독 えつ

葛

훈·음 칡 갈

훈독 くず

음독 かつ

028 欠

훈·음 하품 흠
모자랄 결

훈독 かける, かく

음독 けつ

吹

훈·음 불 취

훈독 ふく

음독 すい

炊

훈·음 불 땔 취

훈독 たく

음독 すい

029 次

훈·음 다음 차
차례 차
번 차

훈독 つぐ

음독 じ, し

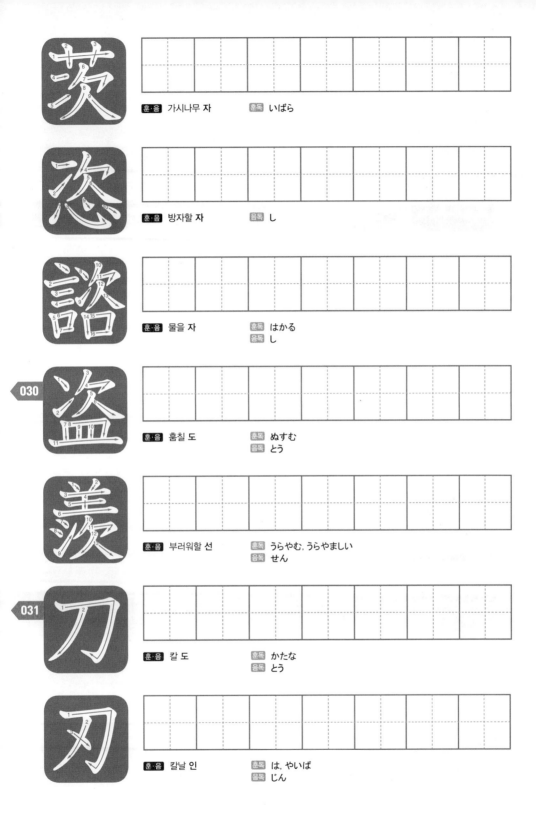

茨

훈·음 가시나무 **자**　　훈독 いばら

恣

훈·음 방자할 **자**　　음독 し

諮

훈·음 물을 **자**　　훈독 はかる
음독 し

030 盗

훈·음 훔칠 **도**　　훈독 ぬすむ
음독 とう

羨

훈·음 부러워할 **선**　　훈독 うらやむ, うらやましい
음독 せん

031 刀

훈·음 칼 **도**　　훈독 かたな
음독 とう

刃

훈·음 칼날 **인**　　훈독 は, やいば
음독 じん

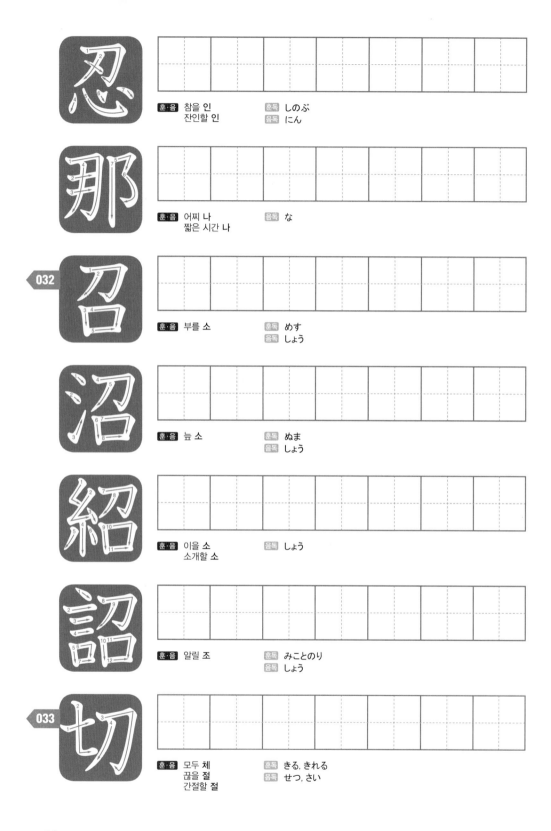

忍

훈·음 참을 인
잔인할 인

훈독 しのぶ
음독 にん

那

훈·음 어찌 나
짧은 시간 나

음독 な

032 召

훈·음 부를 소

훈독 めす
음독 しょう

沼

훈·음 늪 소

훈독 ぬま
음독 しょう

紹

훈·음 이을 소
소개할 소

음독 しょう

詔

훈·음 알릴 조

훈독 みことのり
음독 しょう

033 切

훈·음 모두 체
끊을 절
간절할 절

훈독 きる, きれる
음독 せつ, さい

窃

훈·음 훔칠 절

음독 せつ

034 脇

훈·음 겨드랑이 협

훈독 わき

음독 きょう

脅

훈·음 위협할 협

훈독 おびやかす, おびえる, おどす, おどしつける, おどかす

음독 きょう

035 劣

훈·음 못날 렬

훈독 おとる

음독 れつ

拐

훈·음 후릴 괴
유괴할 괴

음독 かい

加

훈·음 더할 가

훈독 くわえる, くわわる

음독 か

架

훈·음 꾸밀 가
시렁 가

훈독 かける, かかる

음독 か

036

方

훈·음 모 **방**
방향 **방**
방법 **방**

훈독 かた
음독 ほう

坊

훈·음 동네 **방**, 아이 **방**
가게 **방**, 절 **방**

음독 ぼう, ぼっ

妨

훈·음 방해할 **방**

훈독 さまたげる
음독 ぼう

紡

훈·음 실 뽑을 **방**

훈독 つむぐ
음독 ぼう

肪

훈·음 기름 **방**

음독 ぼう

房

훈·음 방 **방**
아내 **방**

훈독 ふさ
음독 ぼう

芳

훈·음 꽃다울 **방**

훈독 かんばしい
음독 ほう

037 放

훈·음 놓을 **방**

훈독 はなす, はなつ, はなれる, ほうる

음독 ほう

倣

훈·음 모방할 **방**

훈독 ならう

음독 ほう

傲

훈·음 거만할 **오**

훈독 おごる

음독 ごう

038 己

훈·음 몸 **기**
자기 **기**
여섯째 천간 **기**

훈독 おのれ

음독 こ, き

妃

훈·음 왕비 **비**

훈독 きさき

음독 ひ

忌

훈·음 꺼릴 **기**

훈독 いむ, いまわしい

음독 き

039 巳

훈·음 뱀 **사**
여섯째 지지 **사**

훈독 み

음독 し

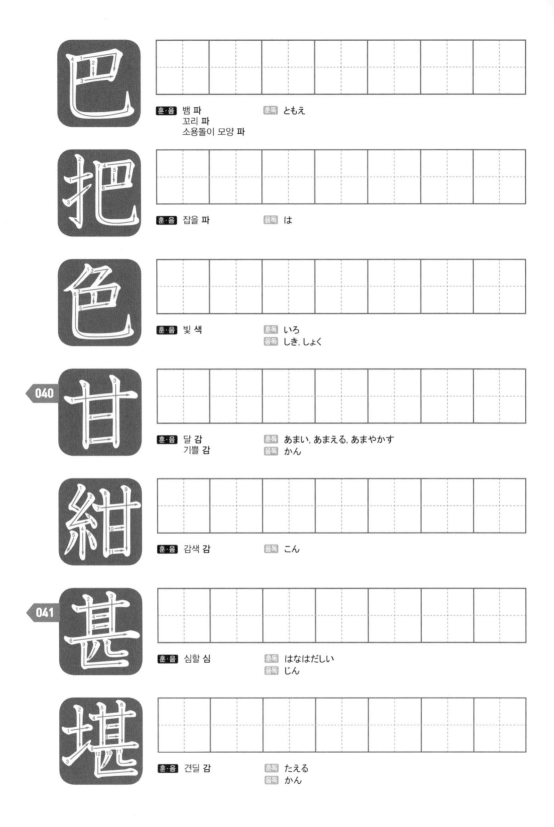

巴

훈·음 뱀 파
꼬리 파
소용돌이 모양 파

훈독 ともえ

把

훈·음 잡을 파

음독 は

色

훈·음 빛 색

훈독 いろ
음독 しき, しょく

040 甘

훈·음 달 감
기쁠 감

훈독 あまい, あまえる, あまやかす
음독 かん

紺

훈·음 감색 감

음독 こん

041 甚

훈·음 심할 심

훈독 はなはだしい
음독 じん

堪

훈·음 견딜 감

훈독 たえる
음독 かん

勘

훈·음 조사할 감
생각할 감
마칠 감

음독 かん

042

某

훈·음 아무 모

음독 ぼう

謀

훈·음 꾀할 모
도모할 모

훈독 はかる
음독 ぼう, む

媒

훈·음 중매할 매

음독 ばい

043

其

훈·음 그 기

훈독 その, それ, そ

棋

훈·음 바둑 기
장기 기

음독 き

欺

훈·음 속일 기

훈독 あざむく
음독 ぎ

碁

훈·음 바둑 기
바둑돌 기

음독 ご

044 土

훈·음 흙 토

훈독 つち
음독 と, ど

吐

훈·음 토할 토

훈독 はく
음독 と

045 坐

훈·음 앉을 좌

훈독 すわる
음독 ざ

挫

훈·음 꺾을 좌

훈독 くじく, くじける
음독 ざ

座

훈·음 자리 좌
위치 좌

훈독 すわる
음독 ざ

046 陸

훈·음 육지 륙

훈독 おか
음독 りく

睦

훈·음 화목할 목

훈독 むつまじい, むつむ
음독 ぼく

陵

훈·음 임금 무덤 릉
큰 언덕 릉
업신여길 릉

훈독 みささぎ
음독 りょう

047 圭

훈·음 홀 규
영토 규
서옥 규

음독 けい

涯

훈·음 물가 애
끝 애

음독 がい

崖

훈·음 낭떠러지 애

훈독 がけ
음독 がい

048 佳

훈·음 아름다울 가

훈독 よい
음독 か

封

훈·음 봉할 봉

음독 ふう, ほう

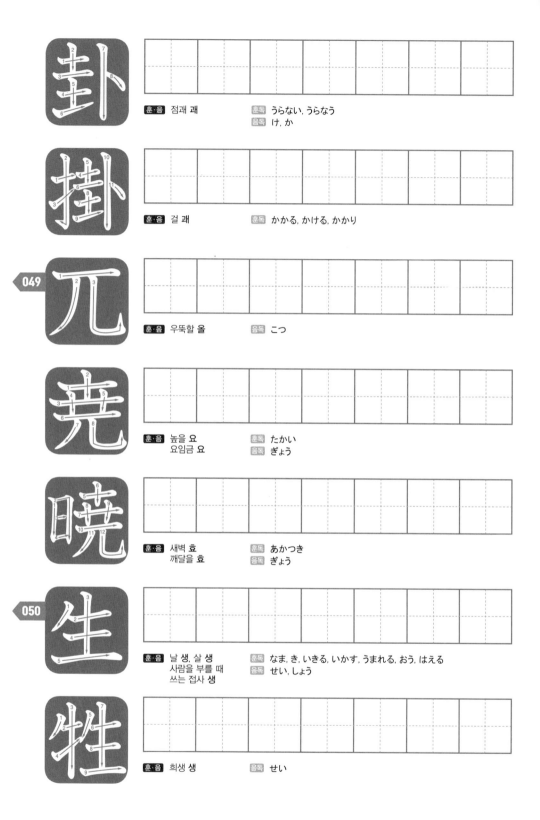

卦

훈·음 점괘 **괘**

훈독 うらない, うらなう
음독 け, か

掛

훈·음 걸 **괘**

훈독 かかる, かける, かかり

049 兀

훈·음 우뚝할 **올**

음독 こつ

尭

훈·음 높을 **요**
요임금 **요**

훈독 たかい
음독 ぎょう

暁

훈·음 새벽 **효**
깨달을 **효**

훈독 あかつき
음독 ぎょう

050 生

훈·음 날 **생**, 살 **생**
사람을 부를 때
쓰는 접사 **생**

훈독 なま, き, いきる, いかす, うまれる, おう, はえる
음독 せい, しょう

牲

훈·음 희생 **생**

음독 せい

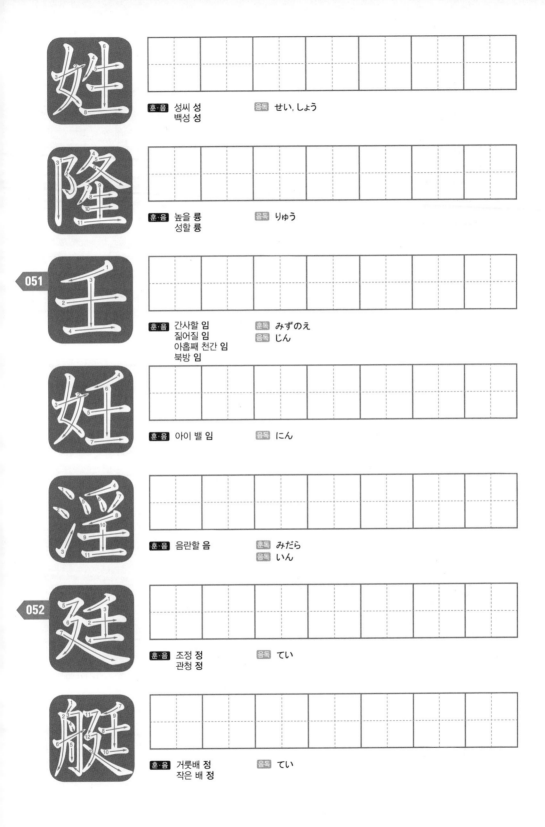

姓

훈·음 성씨 성
백성 성

음독 せい, しょう

隆

훈·음 높을 륭
성할 륭

음독 りゅう

051

壬

훈·음 간사할 임
짊어질 임
아홉째 천간 임
북방 임

훈독 みずのえ
음독 じん

妊

훈·음 아이 밸 임

음독 にん

淫

훈·음 음란할 음

훈독 みだら
음독 いん

052

廷

훈·음 조정 정
관청 정

음독 てい

艇

훈·음 거룻배 정
작은 배 정

음독 てい

053

王

훈·음 임금 **왕**
으뜸 **왕**
구슬 **옥** 변

음독 おう

旺

훈·음 성할 **왕**

음독 おう

狂

훈·음 미칠 **광**

훈독 くるう, くるおしい

음독 きょう

呈

훈·음 보일 **정**
드릴 **정**

음독 てい

054

全

훈·음 온전할 **전**

훈독 まったく, すべて

음독 ぜん

栓

훈·음 나무못 **전**
병마개 **전**

음독 せん

詮

훈·음 설명할 **전**

음독 せん

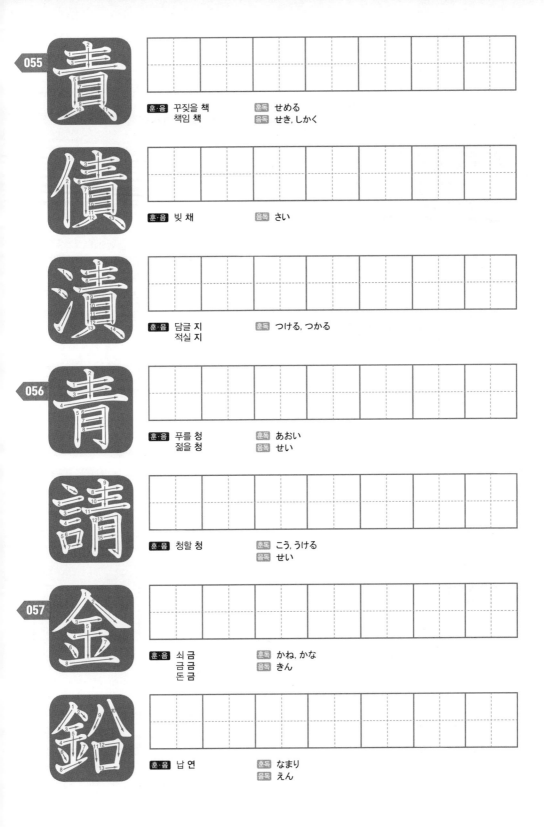

055 責

훈·음 꾸짖을 책
책임 책

훈독 せめる
음독 せき, しかく

債

훈·음 빚 채

음독 さい

漬

훈·음 담글 지
적실 지

훈독 つける, つかる

056 青

훈·음 푸를 청
젊을 청

훈독 あおい
음독 せい

請

훈·음 청할 청

훈독 こう, うける
음독 せい

057 金

훈·음 쇠 금
금 금
돈 금

훈독 かね, かな
음독 きん

鉛

훈·음 납 연

훈독 なまり
음독 えん

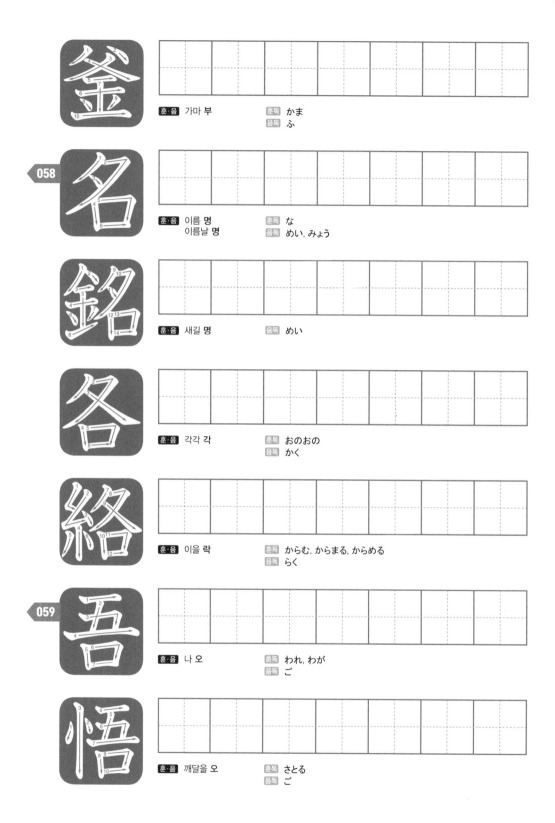

釜

훈·음 가마 **부**

훈독 かま
음독 ふ

058 名

훈·음 이름 **명**
이름날 **명**

훈독 な
음독 めい, みょう

銘

훈·음 새길 **명**

음독 めい

各

훈·음 각각 **각**

훈독 おのおの
음독 かく

絡

훈·음 이을 **락**

훈독 からむ, からまる, からめる
음독 らく

059 吾

훈·음 나 **오**

훈독 われ, わが
음독 ご

悟

훈·음 깨달을 **오**

훈독 さとる
음독 ご

060 枯

훈·음 마를 고
죽을 고

훈독 かれる, からす
음독 こ

固

훈·음 굳을 고
진실로 고

훈독 かたい, かたまる, かためる
음독 こ

錮

훈·음 금고 고
가둘 고

음독 こ

箇

훈·음 낱 개
개수 개

음독 か

061 若

훈·음 만약 약, 같을 약
반야 야, 젊을 약

훈독 わかい, もしくわ
음독 じゃく, にゃく

諾

훈·음 허락할 락(낙)
대답할 락(낙)

음독 だく

匿

훈·음 숨길 닉
숨을 닉

음독 とく

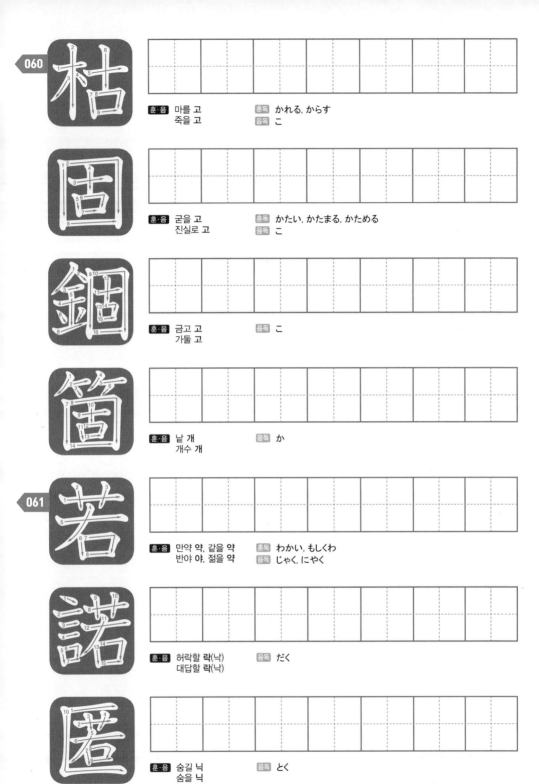

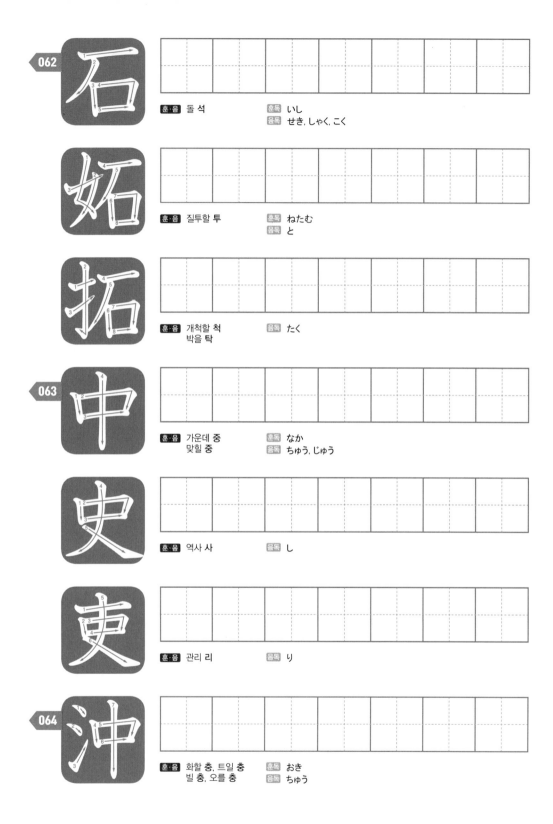

062

石

훈·음 돌 석

훈독 いし
음독 せき, しゃく, こく

妬

훈·음 질투할 투

훈독 ねたむ
음독 と

拓

훈·음 개척할 척
박을 탁

음독 たく

063

中

훈·음 가운데 중
맞힐 중

훈독 なか
음독 ちゅう, じゅう

史

훈·음 역사 사

음독 し

吏

훈·음 관리 리

음독 り

064

沖

훈·음 화할 충, 트일 충
빌 충, 오를 충

훈독 おき
음독 ちゅう

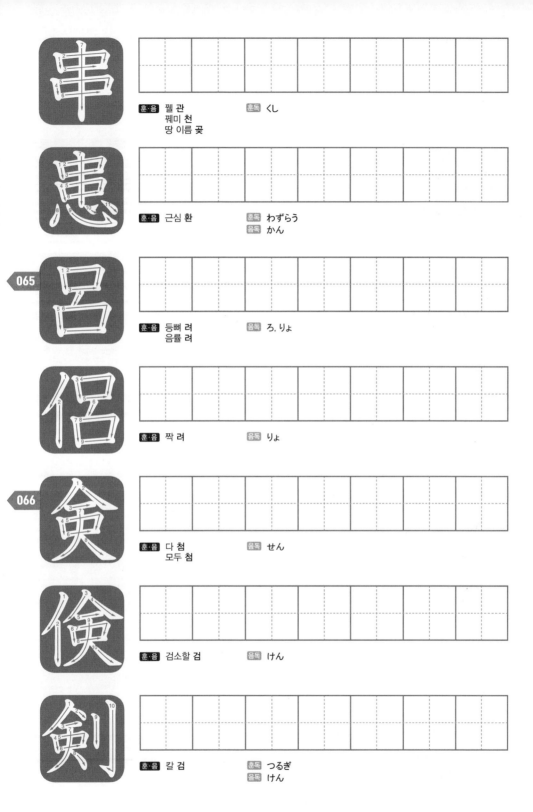

串

훈·음 꿸 관
꿰미 천
땅 이름 곶

훈독 くし

患

훈·음 근심 환

훈독 わずらう
음독 かん

065

呂

훈·음 등뼈 려
음률 려

음독 ろ, りょ

侶

훈·음 짝 려

음독 りょ

066

僉

훈·음 다 첨
모두 첨

음독 せん

倹

훈·음 검소할 검

음독 けん

剣

훈·음 칼 검

훈독 つるぎ
음독 けん

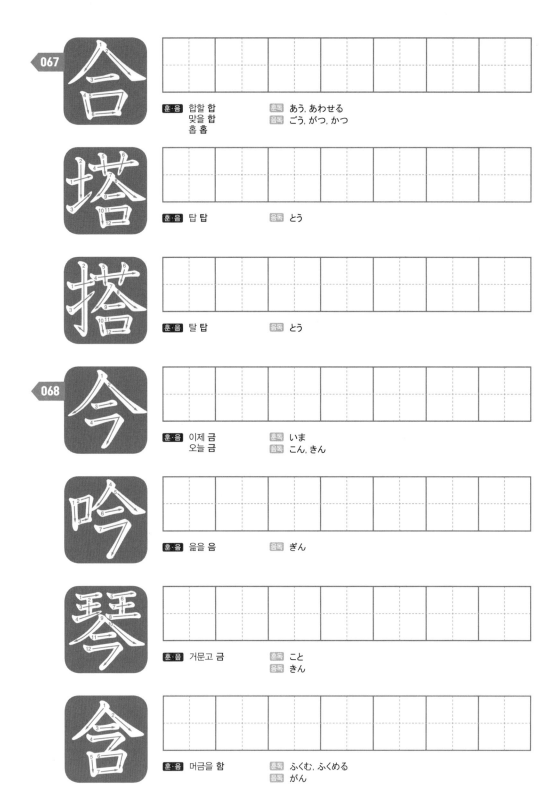

067

合

훈·음 합할 합
맞을 합
홉 홉

훈독 あう, あわせる
음독 ごう, がつ, かつ

塔

훈·음 탑 탑

음독 とう

搭

훈·음 탈 탑

음독 とう

068

今

훈·음 이제 금
오늘 금

훈독 いま
음독 こん, きん

吟

훈·음 읊을 음

음독 ぎん

琴

훈·음 거문고 금

훈독 こと
음독 きん

含

훈·음 머금을 함

훈독 ふくむ, ふくめる
음독 がん

069

念

훈·음 생각 념

음독 ねん

捻

훈·음 비틀 념
짜낼 념

훈독 ひねる, ねじる
음독 ねん

貪

훈·음 탐낼 탐

훈독 むさぼる
음독 どん

070

旦

훈·음 아침 단

음독 たん

但

훈·음 다만 단

훈독 ただし

胆

훈·음 쓸개 담
담력 담

훈독 きも
음독 たん

071

亘

훈·음 뻗칠 긍
펼 선

훈독 わたる
음독 こう, せん

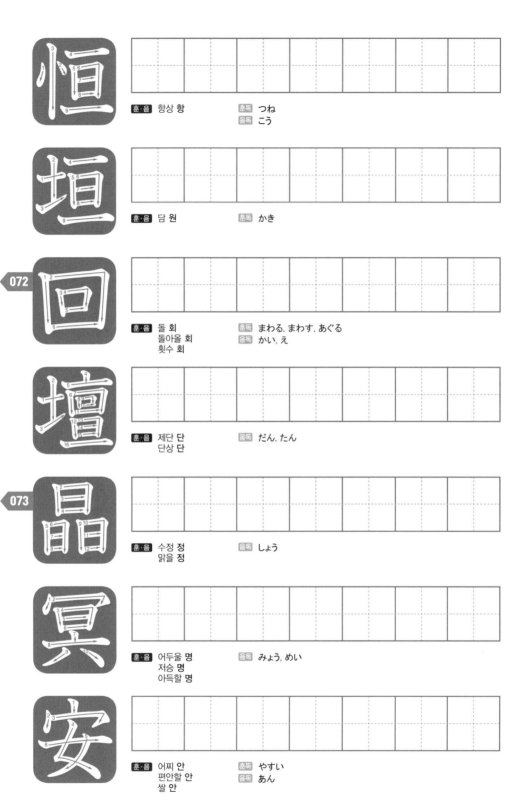

恒

훈·음 항상 **항**

훈독 つね
음독 こう

垣

훈·음 담 **원**

훈독 かき

072 回

훈·음 돌 **회**
돌아올 **회**
횟수 **회**

훈독 まわる, まわす, あぐる
음독 かい, え

壇

훈·음 제단 **단**
단상 **단**

음독 だん, たん

073 晶

훈·음 수정 **정**
맑을 **정**

음독 しょう

冥

훈·음 어두울 **명**
저승 **명**
아득할 **명**

음독 みょう, めい

安

훈·음 어찌 **안**
편안할 **안**
쌀 **안**

훈독 やすい
음독 あん

宴

훈·음 잔치 연

훈독 うたげ
음독 えん

074

莫

훈·음 없을 막
말 막
가장 막

음독 ばく, ぼ, も, もく

漠

훈·음 사막 막
막막할 막

음독 ばく

膜

훈·음 막 막

음독 まく

募

훈·음 모집할 모

훈독 つのる
음독 ぼ

慕

훈·음 사모할 모

훈독 したう
음독 ぼ

075

揚

훈·음 날릴 양
높일 양

훈독 あげる, あがる
음독 よう

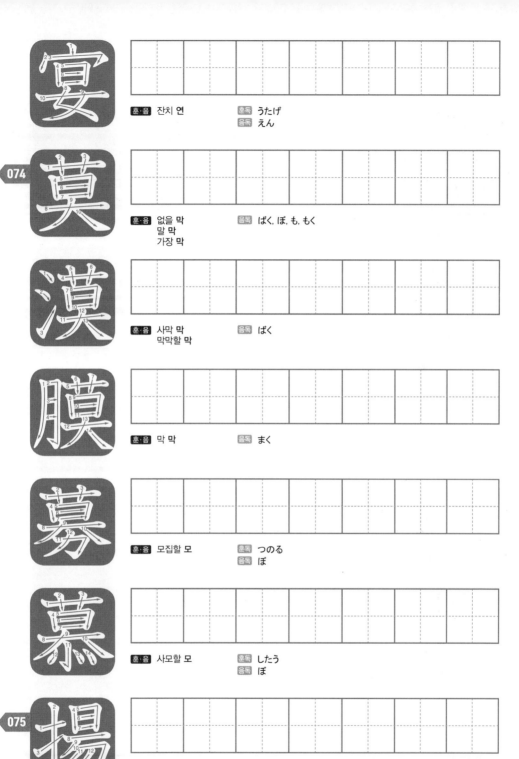

瘍

훈·음 종기 **양**
상처 **양**

음독 よう

076

白

훈·음 흰 **백**, 밝을 **백**
깨끗할 **백**, 아뢸 **백**

훈독 しろい, しら
음독 はく, びゃく

伯

훈·음 맏 **백**
우두머리 **백**

음독 はく

拍

훈·음 칠 **박**

음독 はく, ひょう

泊

훈·음 배 댈 **박**
묵을 **박**
산뜻할 **박**

훈독 とまる, とめる
음독 はく

舶

훈·음 큰 배 **박**

음독 はく

迫

훈·음 닥칠 **박**

훈독 せまる
음독 はく

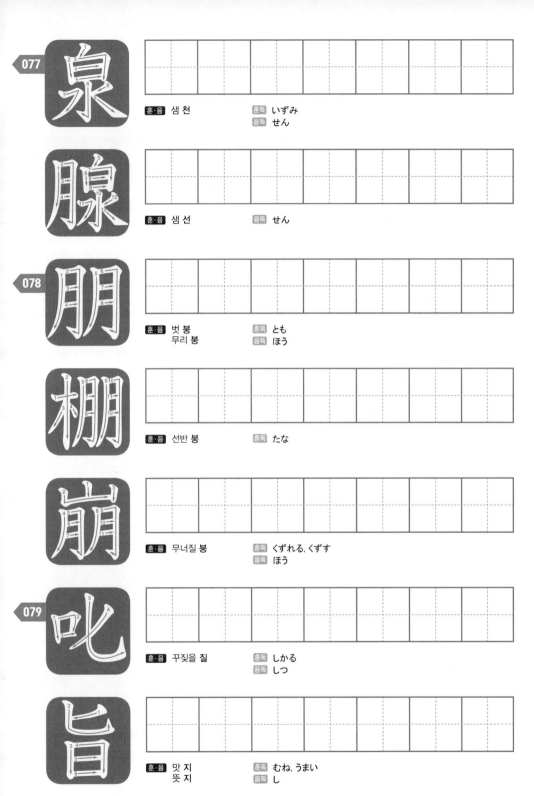

077

泉

훈·음 샘 천

훈독 いずみ
음독 せん

腺

훈·음 샘 선

음독 せん

078

朋

훈·음 벗 붕
무리 붕

훈독 とも
음독 ほう

棚

훈·음 선반 붕

훈독 たな

崩

훈·음 무너질 붕

훈독 くずれる, くずす
음독 ほう

079

叱

훈·음 꾸짖을 질

훈독 しかる
음독 しつ

旨

훈·음 맛 지
뜻 지

훈독 むね, うまい
음독 し

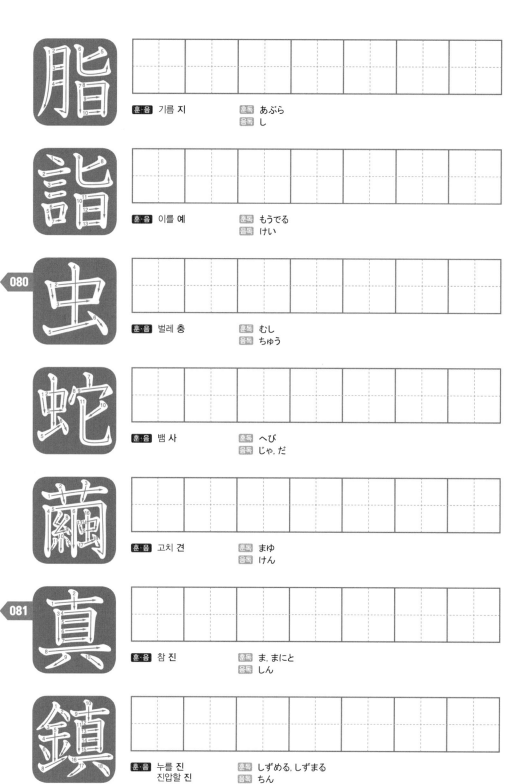

脂

훈·음 기름 지

훈독 あぶら
음독 し

詣

훈·음 이를 예

훈독 もうでる
음독 けい

080 虫

훈·음 벌레 충

훈독 むし
음독 ちゅう

蛇

훈·음 뱀 사

훈독 へび
음독 じゃ, だ

繭

훈·음 고치 견

훈독 まゆ
음독 けん

081 真

훈·음 참 진

훈독 ま, まにと
음독 しん

鎮

훈·음 누를 진
진압할 진

훈독 しずめる, しずまる
음독 ちん

塡

훈·음 채울 전

음독 てん

愼

훈·음 삼갈 신

훈독 つつしむ
음독 しん

082 比

훈·음 나란할 비
견줄 비

훈독 くらべる
음독 ひ

昆

훈·음 많을 곤
맏이 곤
곤충 곤

음독 こん

083 鹿

훈·음 사슴 록

훈독 しか, か
음독 ろく

麓

훈·음 산기슭 록

훈독 ふもと
음독 ろく

麗

훈·음 고울 려
빛날 려

훈독 うるわしい
음독 れい

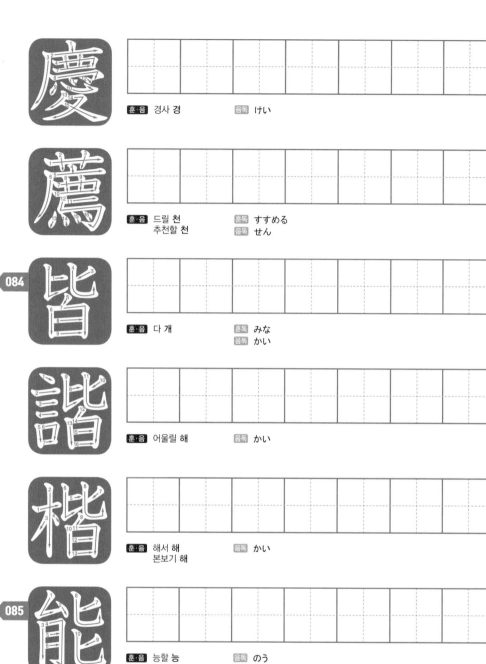

慶

훈·음 경사 경

음독 けい

薦

훈·음 드릴 천
추천할 천

훈독 すすめる
음독 せん

084 皆

훈·음 다 개

훈독 みな
음독 かい

諧

훈·음 어울릴 해

음독 かい

楷

훈·음 해서 해
본보기 해

음독 かい

085 能

훈·음 능할 능

음독 のう

罷

훈·음 파할 파
마칠 파

음독 ひ

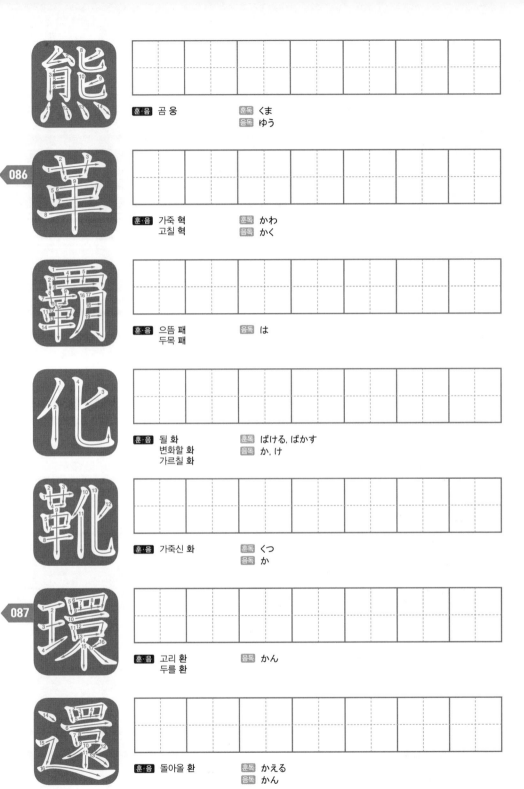

熊

훈·음 곰 웅

훈독 くま
음독 ゆう

086 革

훈·음 가죽 혁
고칠 혁

훈독 かわ
음독 かく

覇

훈·음 으뜸 패
두목 패

음독 は

化

훈·음 될 화
변화할 화
가르칠 화

훈독 ばける, ばかす
음독 か, け

靴

훈·음 가죽신 화

훈독 くつ
음독 か

087 環

훈·음 고리 환
두를 환

음독 かん

還

훈·음 돌아올 환

훈독 かえる
음독 かん

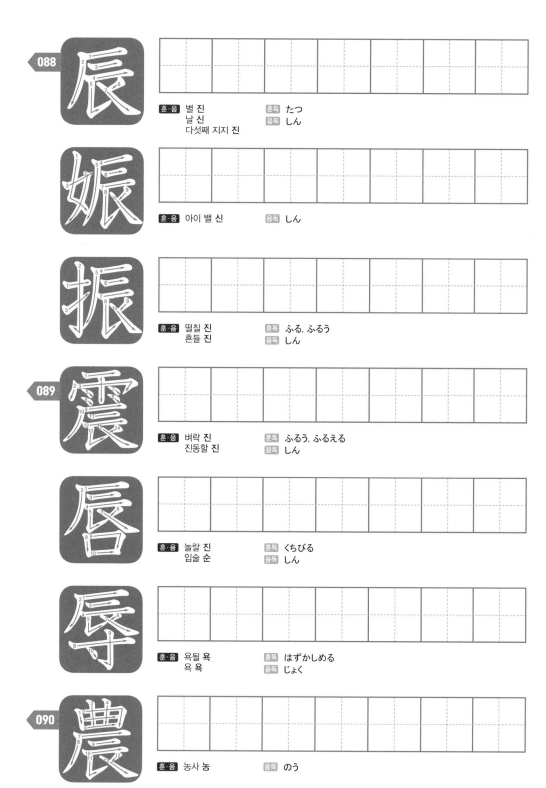

088

辰

훈·음 별 진
날 신
다섯째 지지 진

훈독 たつ
음독 しん

娠

훈·음 아이 밸 신

음독 しん

振

훈·음 떨칠 진
흔들 진

훈독 ふる, ふるう
음독 しん

089

震

훈·음 벼락 진
진동할 진

훈독 ふるう, ふるえる
음독 しん

唇

훈·음 놀랄 진
입술 순

훈독 くちびる
음독 しん

辱

훈·음 욕될 욕
욕 욕

훈독 はずかしめる
음독 じょく

090

農

훈·음 농사 농

음독 のう

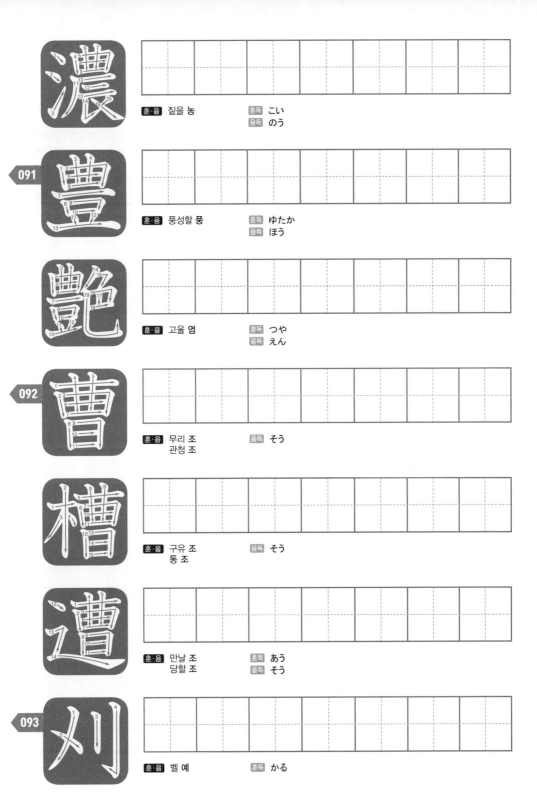

濃

훈·음 짙을 농

훈독 こい
음독 のう

091 豊

훈·음 풍성할 풍

훈독 ゆたか
음독 ほう

艶

훈·음 고울 염

훈독 つや
음독 えん

092 曹

훈·음 무리 조
관청 조

음독 そう

槽

훈·음 구유 조
통 조

음독 そう

遭

훈·음 만날 조
당할 조

훈독 あう
음독 そう

093 刈

훈·음 벨 예

훈독 かる

凶

훈·음 흉할 **흉**
흉년 **흉**

음독 きょう

刹

훈·음 짧은 시간 **찰**
절 **찰**

음독 さつ, せつ

094

爻

훈·음 점괘 **효**, 수효 **효**
사귈 **효**, 본받을 **효**

음독 じゅつ

爽

훈·음 시원할 **상**

훈독 さわやか

음독 そう

爾

훈·음 너 **이**
어조사 **이**

훈독 その, なんじ

음독 じ, に

璽

훈·음 옥새 **새**
도장 **새**

음독 じ

095

璃

훈·음 유리 **리**

음독 り

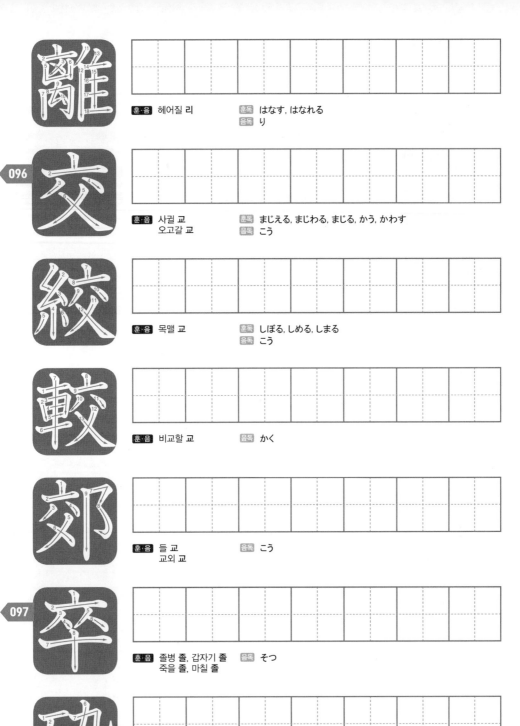

離

훈·음 헤어질 리

훈독 はなす, はなれる

음독 り

096 交

훈·음 사귈 교
오고갈 교

훈독 まじえる, まじわる, まじる, かう, かわす

음독 こう

絞

훈·음 목맬 교

훈독 しぼる, しめる, しまる

음독 こう

較

훈·음 비교할 교

음독 かく

郊

훈·음 들 교
교외 교

음독 こう

097 卒

훈·음 졸병 졸, 갑자기 졸
죽을 졸, 마칠 졸

음독 そつ

砕

훈·음 부술 쇄

훈독 くだく, くだける

음독 さい

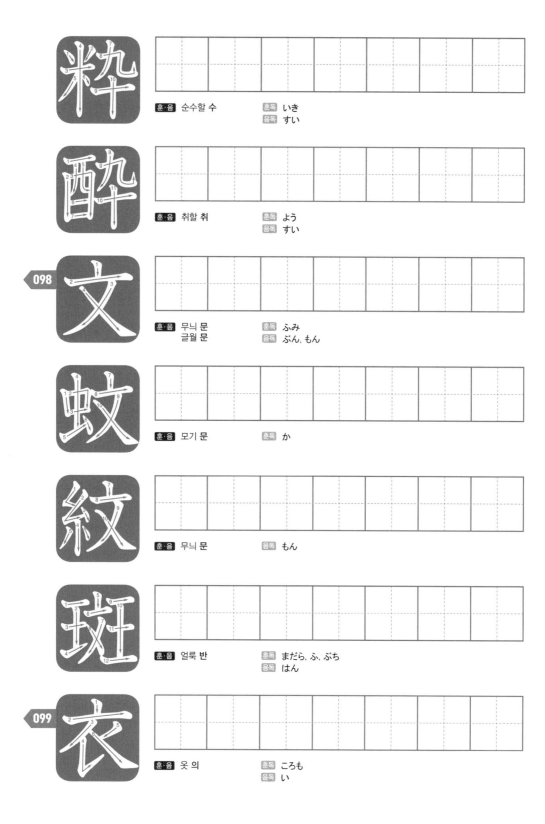

粋

훈·음 순수할 수

훈독 いき
음독 すい

醉

훈·음 취할 취

훈독 よう
음독 すい

098 文

훈·음 무늬 문
글월 문

훈독 ふみ
음독 ぶん, もん

蚊

훈·음 모기 문

훈독 か

紋

훈·음 무늬 문

음독 もん

斑

훈·음 얼룩 반

훈독 まだら, ふ, ぶち
음독 はん

099 衣

훈·음 옷 의

훈독 ころも
음독 い

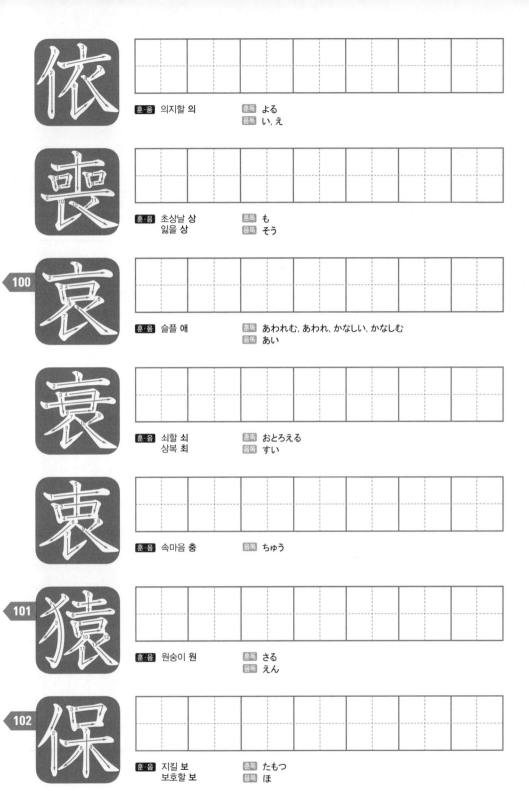

依

훈·음 의지할 의

훈독 よる
음독 い, え

喪

훈·음 초상날 상
잃을 상

훈독 も
음독 そう

100 哀

훈·음 슬플 애

훈독 あわれむ, あわれ, かなしい, かなしむ
음독 あい

衰

훈·음 쇠할 쇠
상복 최

훈독 おとろえる
음독 すい

衷

훈·음 속마음 충

음독 ちゅう

101 猿

훈·음 원숭이 원

훈독 さる
음독 えん

102 保

훈·음 지킬 보
보호할 보

훈독 たもつ
음독 ほ

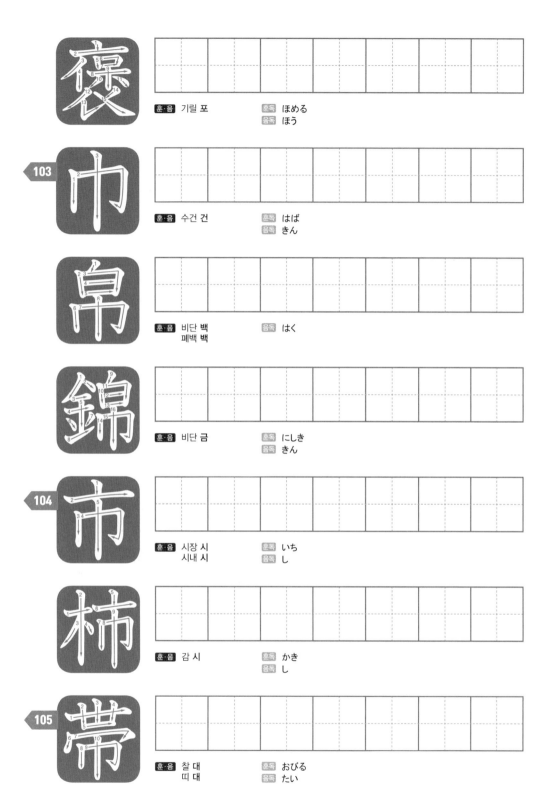

褒

훈·음 기릴 **포**

훈독 ほめる
음독 ほう

103 巾

훈·음 수건 **건**

훈독 はば
음독 きん

帛

훈·음 비단 **백**
폐백 **백**

음독 はく

錦

훈·음 비단 **금**

훈독 にしき
음독 きん

104 市

훈·음 시장 **시**
시내 **시**

훈독 いち
음독 し

柿

훈·음 감 **시**

훈독 かき
음독 し

105 帯

훈·음 찰 **대**
띠 **대**

훈독 おびる
음독 たい

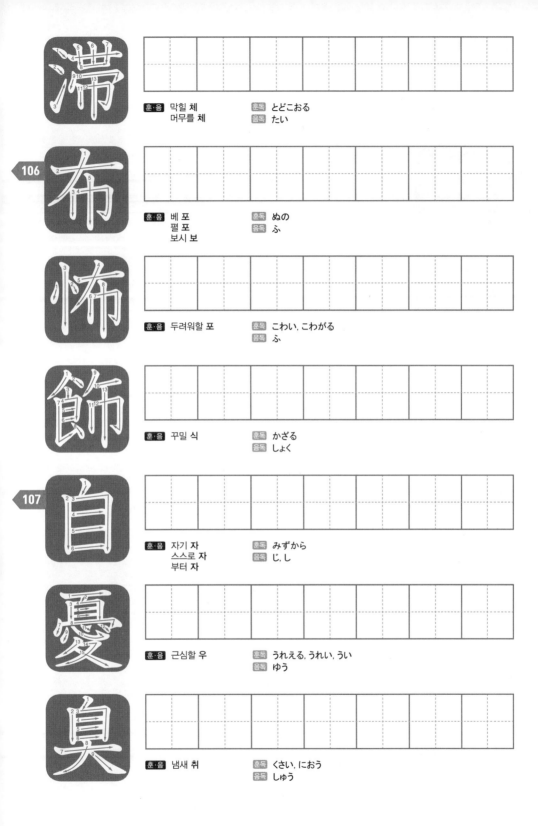

滞

훈·음 막힐 **체**
머무를 **체**

훈독 とどこおる
음독 たい

106

布

훈·음 베 **포**
펼 **포**
보시 **보**

훈독 ぬの
음독 ふ

怖

훈·음 두려워할 **포**

훈독 こわい, こわがる
음독 ふ

飾

훈·음 꾸밀 **식**

훈독 かざる
음독 しょく

107

自

훈·음 자기 **자**
스스로 **자**
부터 **자**

훈독 みずから
음독 じ, し

憂

훈·음 근심할 **우**

훈독 うれえる, うれい, うい
음독 ゆう

臭

훈·음 냄새 **취**

훈독 くさい, におう
음독 しゅう

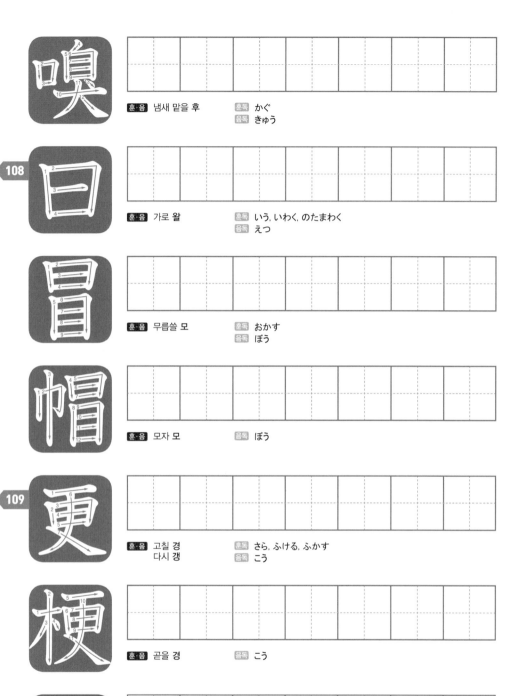

嗅

훈·음 냄새 맡을 후

훈독 かぐ

음독 きゅう

108 曰

훈·음 가로 왈

훈독 いう, いわく, のたまわく

음독 えつ

冒

훈·음 무릅쓸 모

훈독 おかす

음독 ぼう

帽

훈·음 모자 모

음독 ぼう

109 更

훈·음 고칠 경
다시 갱

훈독 さら, ふける, ふかす

음독 こう

梗

훈·음 곧을 경

음독 こう

硬

훈·음 단단할 경

훈독 かたい

음독 こう

110

芯

훈·음 골풀 심
심 심

음독 しん

必

훈·음 반드시 필

훈독 かならず
음독 ひつ

泌

훈·음 물 흐를 필
분비할 비

음독 ひ, ひつ

蜜

훈·음 꿀 밀

음독 みつ

111

貝

훈·음 조개 패
재물 패
돈 패

훈독 かい

唄

훈·음 염불 소리 패

훈독 うた

貢

훈·음 바칠 공

훈독 みつぐ
음독 こう, ぐ

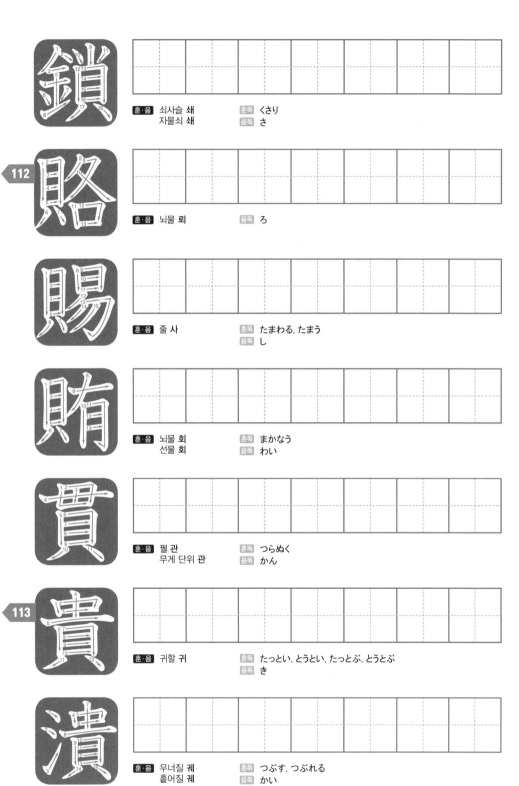

鎖

훈·음 쇠사슬 **쇄**
자물쇠 **쇄**

훈독 くさり
음독 さ

112

賂

훈·음 뇌물 **뢰**

음독 ろ

賜

훈·음 줄 **사**

훈독 たまわる, たまう
음독 し

賄

훈·음 뇌물 **회**
선물 **회**

훈독 まかなう
음독 わい

貫

훈·음 꿸 **관**
무게 단위 **관**

훈독 つらぬく
음독 かん

113

貴

훈·음 귀할 **귀**

훈독 たっとい, とうとい, たっとぶ, とうとぶ
음독 き

潰

훈·음 무너질 **궤**
흩어질 **궤**

훈독 つぶす, つぶれる
음독 かい

114

且

훈·음 또 차
구차할 차

훈독 かつ

租

훈·음 세금 조
세낼 조

음독 そ

粗

훈·음 거칠 조

훈독 あらい
음독 そ

阻

훈·음 막힐 조
험할 조

훈독 はばむ
음독 そ

狙

훈·음 원숭이 저
엿볼 저

훈독 ねらう
음독 そ

宜

훈·음 마땅할 의

훈독 よろしい
음독 ぎ

115

具

훈·음 갖출 구
기구 구

훈독 そなえる
음독 ぐ

惧

훈·음 두려워할 **구**

음독 ぐ

116 員

훈·음 관원 **원**
사람 **원**

음독 いん

韻

훈·음 운치 **운**
운 **운**

음독 いん

117 頁

훈·음 머리 **혈**
책 면 **엽**

훈독 かしら, ページ
음독 けつ, よ

頃

훈·음 잠깐 **경**
즈음 **경**
이랑 **경**

훈독 ころ

傾

훈·음 기울 **경**

훈독 かたむく, かたむける
음독 けい

118 項

훈·음 목 **항**

훈독 うなじ
음독 こう

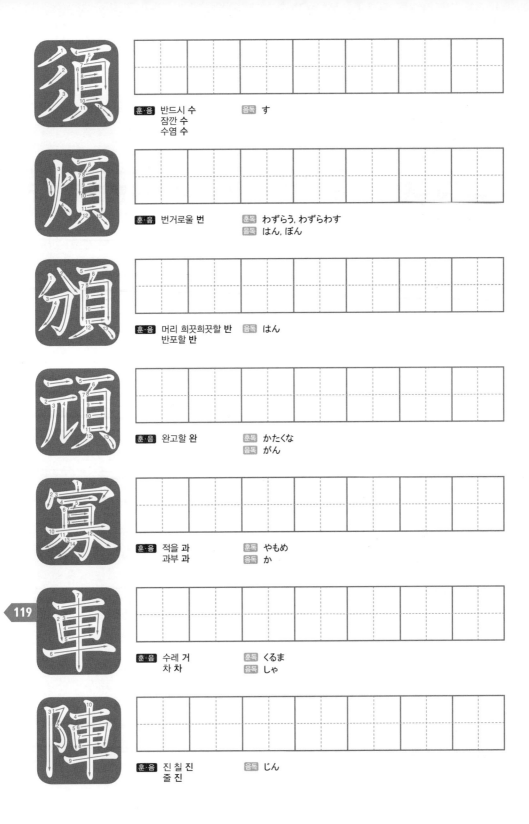

須

훈·음 반드시 수
잠깐 수
수염 수

음독 す

煩

훈·음 번거로울 번

훈독 わずらう, わずらわす
음독 はん, ぼん

頒

훈·음 머리 희끗희끗할 반
반포할 반

음독 はん

頑

훈·음 완고할 완

훈독 かたくな
음독 がん

寡

훈·음 적을 과
과부 과

훈독 やもめ
음독 か

119 車

훈·음 수레 거
차 차

훈독 くるま
음독 しゃ

陣

훈·음 진 칠 진
줄 진

음독 じん

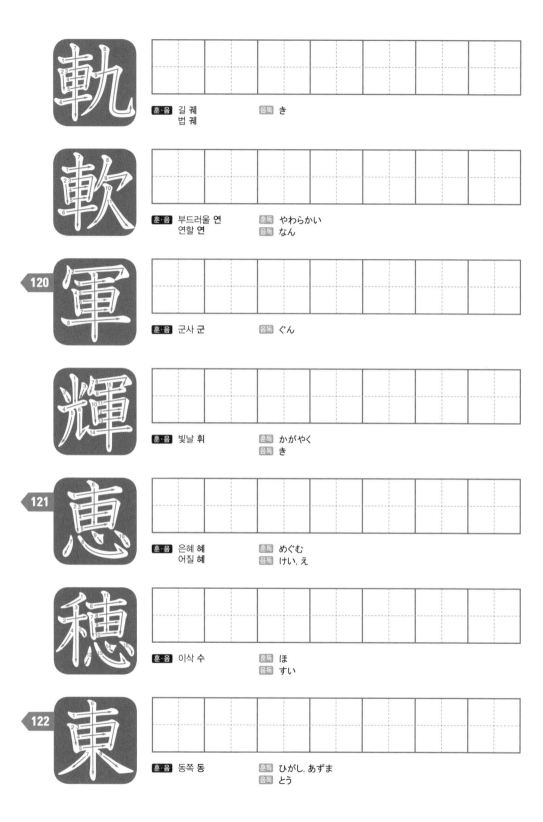

軌

훈·음 길 궤
법 궤

음독 き

軟

훈·음 부드러울 연
연할 연

훈독 やわらかい

음독 なん

120 軍

훈·음 군사 군

음독 ぐん

輝

훈·음 빛날 휘

훈독 かがやく

음독 き

121 恵

훈·음 은혜 혜
어질 혜

훈독 めぐむ

음독 けい, え

穂

훈·음 이삭 수

훈독 ほ

음독 すい

122 東

훈·음 동쪽 동

훈독 ひがし, あずま

음독 とう

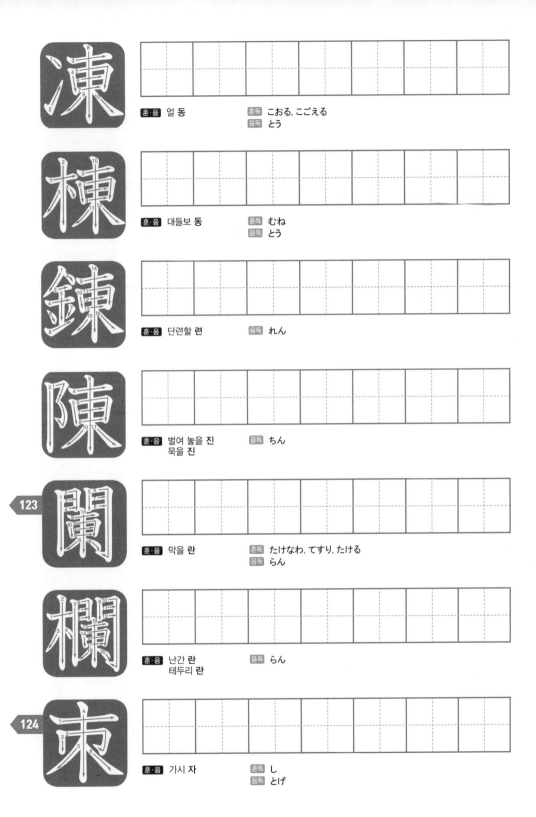

凍

훈·음 얼 동

훈독 こおる, こごえる
음독 とう

棟

훈·음 대들보 동

훈독 むね
음독 とう

鍊

훈·음 단련할 련

음독 れん

陳

훈·음 벌여 놓을 진
묵을 진

음독 ちん

123 闌

훈·음 막을 란

훈독 たけなわ, てすり, たける
음독 らん

欄

훈·음 난간 란
테두리 란

음독 らん

124 朿

훈·음 가시 자

훈독 し
음독 とげ

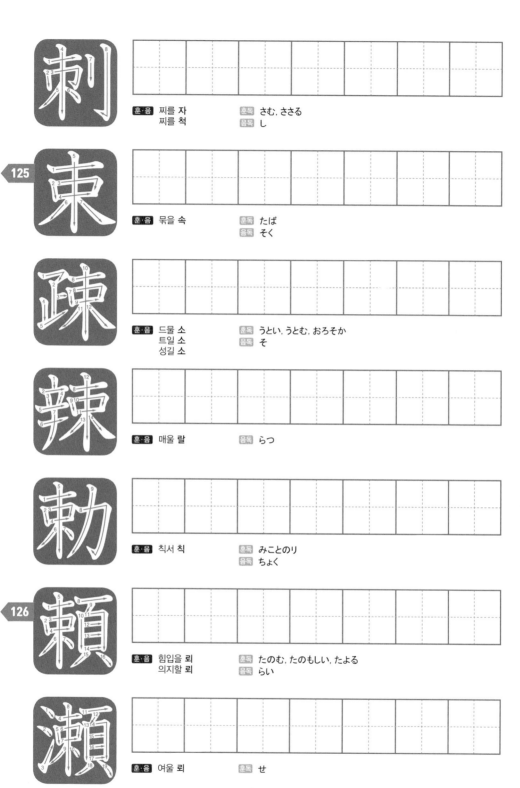

刺

훈·음 찌를 자
찌를 척

훈독 さむ, ささる
음독 し

125

束

훈·음 묶을 속

훈독 たば
음독 そく

疎

훈·음 드물 소
트일 소
성길 소

훈독 うとい, うとむ, おろそか
음독 そ

辣

훈·음 매울 랄

음독 らつ

勅

훈·음 칙서 칙

훈독 みことのり
음독 ちょく

126

頼

훈·음 힘입을 뢰
의지할 뢰

훈독 たのむ, たのもしい, たよる
음독 らい

瀬

훈·음 여울 뢰

훈독 せ

127 田

훈·음 밭 전　　　　　훈독 た
　　　논 전　　　　　음독 でん

畏

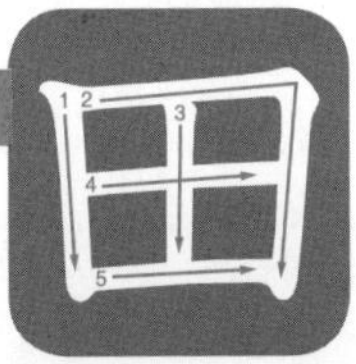

훈·음 두려워할 외　　　훈독 かしこまる, おそえる
　　　　　　　　　　　음독 い

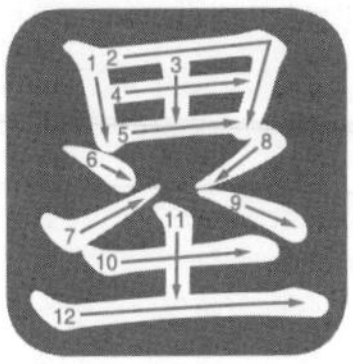

壘

훈·음 보루 루　　　　　음독 るい
　　　진 루

疊

훈·음 겹칠 첩　　　　　훈독 たたむ
　　　쌓을 첩　　　　　음독 じょう

128 曽

훈·음 일찍 증　　　　　음독 そう, ぞ
　　　거듭 증

憎

훈·음 미워할 증　　　　훈독 にくむ, にくい, にくらしい, にくしみ
　　　　　　　　　　　음독 ぞう

贈

훈·음 줄 증　　　　　　훈독 おくる
　　　　　　　　　　　음독 ぞう

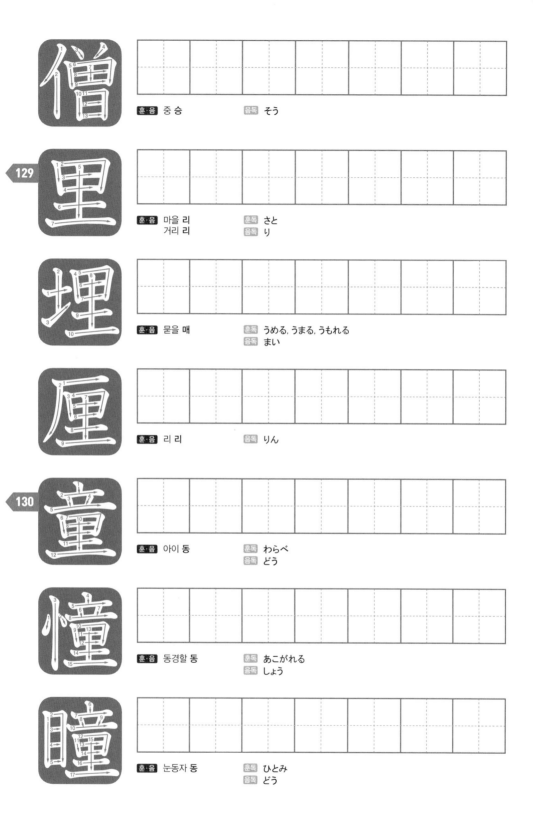

僧

훈·음 중 승　　음독 そう

129

里

훈·음 마을 리
거리 리　　훈독 さと
음독 り

埋

훈·음 묻을 매　　훈독 うめる, うまる, うもれる
음독 まい

厘

훈·음 리 리　　음독 りん

130

童

훈·음 아이 동　　훈독 わらべ
음독 どう

憧

훈·음 동경할 동　　훈독 あこがれる
음독 しょう

瞳

훈·음 눈동자 동　　훈독 ひとみ
음독 どう

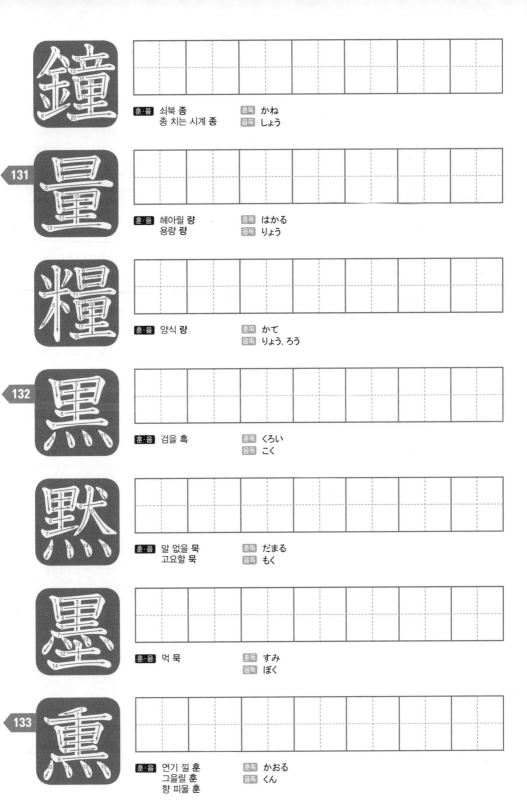

鐘

훈·음 쇠북 종
종 치는 시계 종

훈독 かね
음독 しょう

131 量

훈·음 헤아릴 **량**
용량 **량**

훈독 はかる
음독 りょう

糧

훈·음 양식 **량**

훈독 かて
음독 りょう, ろう

132 黒

훈·음 검을 **흑**

훈독 くろい
음독 こく

黙

훈·음 말 없을 **묵**
고요할 **묵**

훈독 だまる
음독 もく

墨

훈·음 먹 **묵**

훈독 すみ
음독 ぼく

133 薫

훈·음 연기 낄 **훈**
그을릴 **훈**
향 피울 **훈**

훈독 かおる
음독 くん

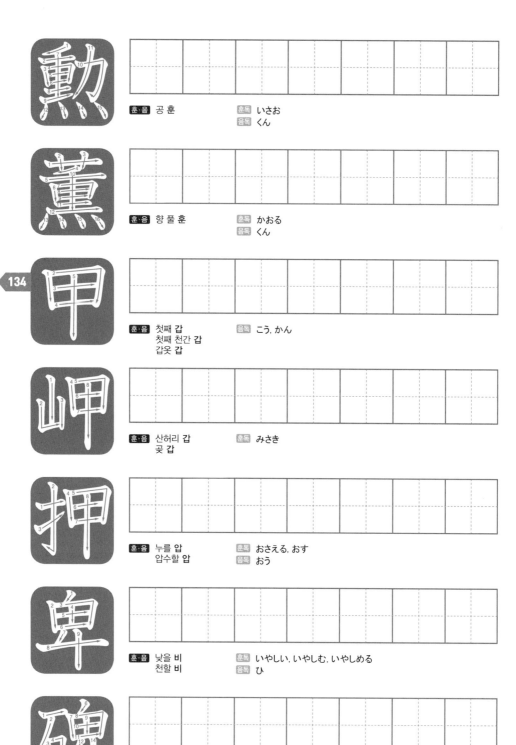

勳

훈·음 공 훈

훈독 いさお
음독 くん

薰

훈·음 향풀 훈

훈독 かおる
음독 くん

134

甲

훈·음 첫째 **갑**
첫째 천간 **갑**
갑옷 **갑**

음독 こう, かん

岬

훈·음 산허리 **갑**
곶 **갑**

훈독 みさき

押

훈·음 누를 **압**
압수할 **압**

훈독 おさえる, おす
음독 おう

卑

훈·음 낮을 **비**
천할 **비**

훈독 いやしい, いやしむ, いやしめる
음독 ひ

碑

훈·음 비석 **비**

훈독 いしぶみ
음독 ひ

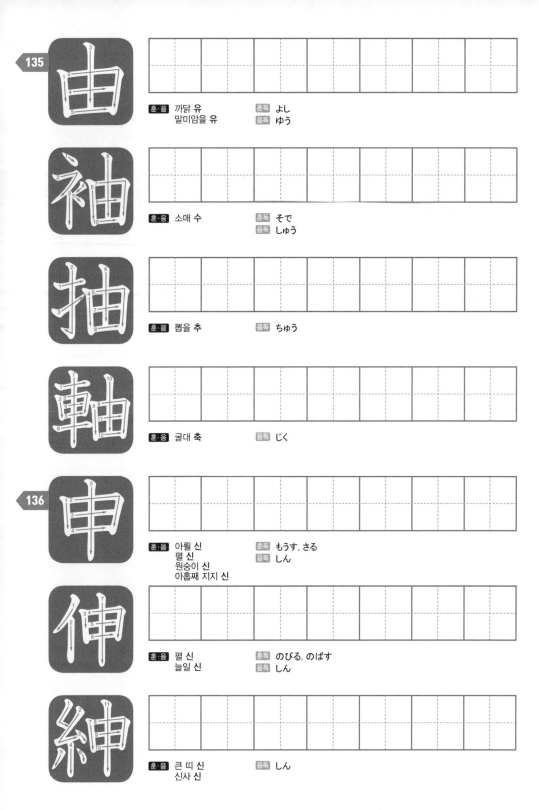

135

由

훈·음 까닭 유
말미암을 유

훈독 よし
음독 ゆう

袖

훈·음 소매 수

훈독 そで
음독 しゅう

抽

훈·음 뽑을 추

음독 ちゅう

軸

훈·음 굴대 축

음독 じく

136

申

훈·음 아뢸 신
펼 신
원숭이 신
아홉째 지지 신

훈독 もうす, さる
음독 しん

伸

훈·음 펼 신
늘일 신

훈독 のびる, のばす
음독 しん

紳

훈·음 큰 띠 신
신사 신

음독 しん

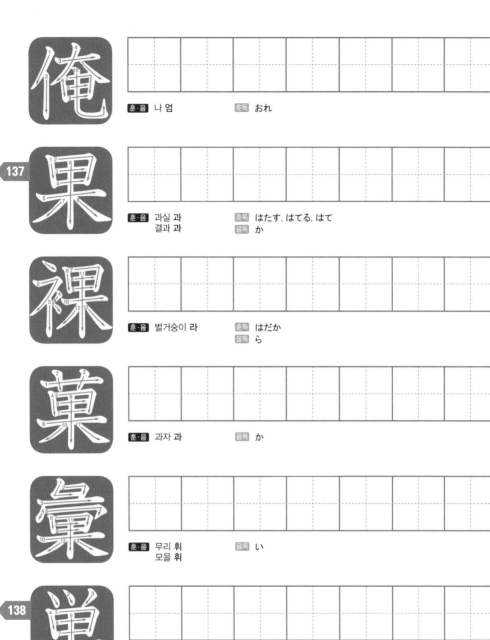

俺

훈·음 나 엄　　훈독 おれ

137 果

훈·음 과실 과
결과 과
훈독 はたす, はてる, はて
음독 か

裸

훈·음 벌거숭이 라
훈독 はだか
음독 ら

菓

훈·음 과자 과
음독 か

彙

훈·음 무리 휘
모을 휘
음독 い

138 単

훈·음 홑 단
음독 たん

禅

훈·음 고요할 선
음독 ぜん

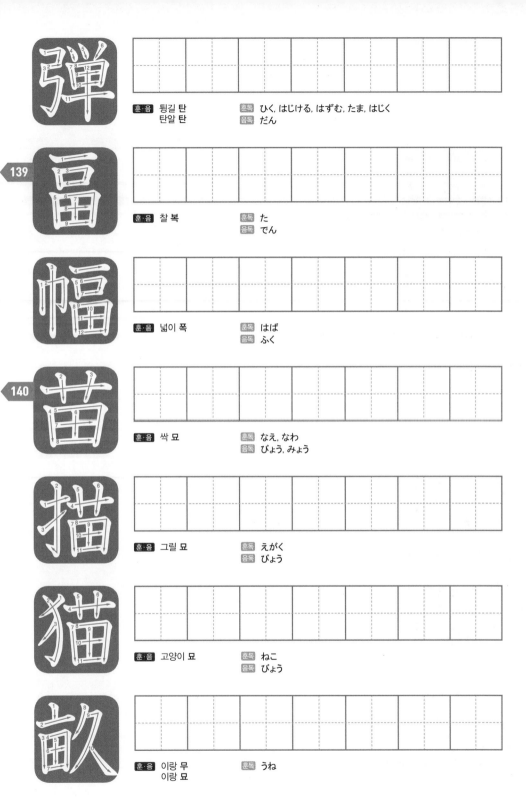

弾

훈·음 튕길 탄
탄알 탄

훈독 ひく, はじける, はずむ, たま, はじく
음독 だん

139

畐

훈·음 찰 복

훈독 た
음독 でん

幅

훈·음 넓이 폭

훈독 はば
음독 ふく

140

苗

훈·음 싹 묘

훈독 なえ, なわ
음독 びょう, みょう

描

훈·음 그릴 묘

훈독 えがく
음독 びょう

猫

훈·음 고양이 묘

훈독 ねこ
음독 びょう

畝

훈·음 이랑 무
이랑 묘

훈독 うね

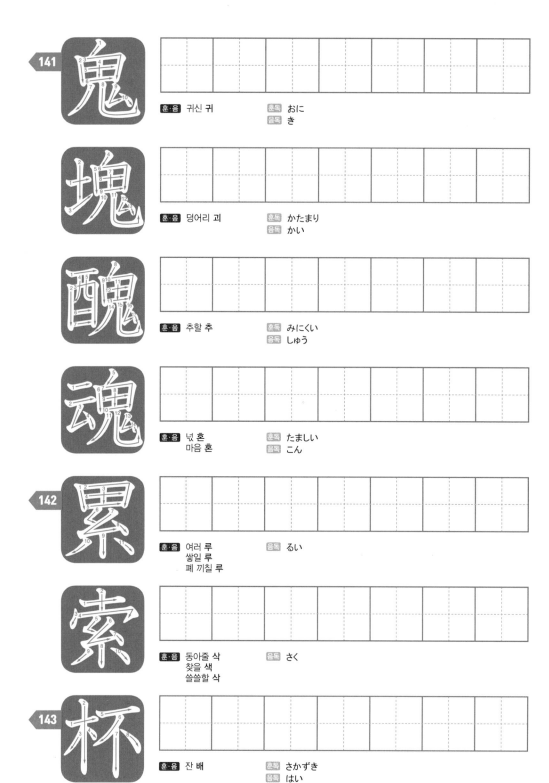

141

鬼

훈·음 귀신 귀

훈독 おに
음독 き

塊

훈·음 덩어리 괴

훈독 かたまり
음독 かい

醜

훈·음 추할 추

훈독 みにくい
음독 しゅう

魂

훈·음 넋 혼
마음 혼

훈독 たましい
음독 こん

142

累

훈·음 여러 루
쌓일 루
폐 끼칠 루

음독 るい

索

훈·음 동아줄 삭
찾을 색
쓸쓸할 삭

음독 さく

143

杯

훈·음 잔 배

훈독 さかずき
음독 はい

杉

훈·음 삼나무 **삼**

훈독 すぎ
음독 さん

床

훈·음 평상 **상**
책상 **상**

훈독 とこ, ゆか
음독 しょう

144 末

훈·음 끝 **말**

훈독 すえ
음독 まつ

抹

훈·음 칠할 **말**
없앨 **말**

음독 まつ

145 未

훈·음 아닐 **미**
아직 ~ 않을 **미**
여덟째 지지 **미**

훈독 いまだ, ひつじ
음독 み

昧

훈·음 어두울 **매**

음독 まい

魅

훈·음 도깨비 **매**
홀릴 **매**

음독 み

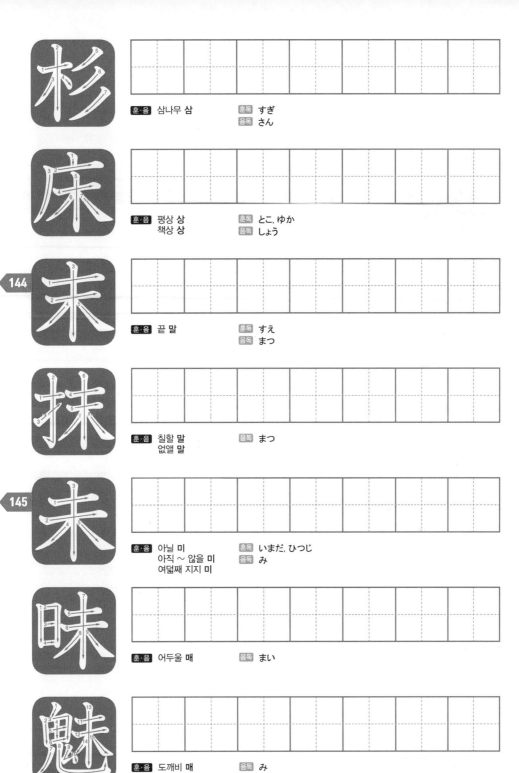

146

余

훈·음 남을 여
나 여

훈독 あまる, あます
음독 よ

徐

훈·음 천천히 할 서

훈독 おもむろ
음독 じょ

途

훈·음 길 도

훈독 みち
음독 と

塗

훈·음 바를 도
진흙 도

훈독 ぬる, まみれる
음독 と

147

麦

훈·음 보리 맥

훈독 むぎ
음독 ばく

面

훈·음 얼굴 면
향할 면
볼 면

훈독 おも, おもて, つら, も
음독 めん

麺

훈·음 밀가루 면
국수 면

음독 めん

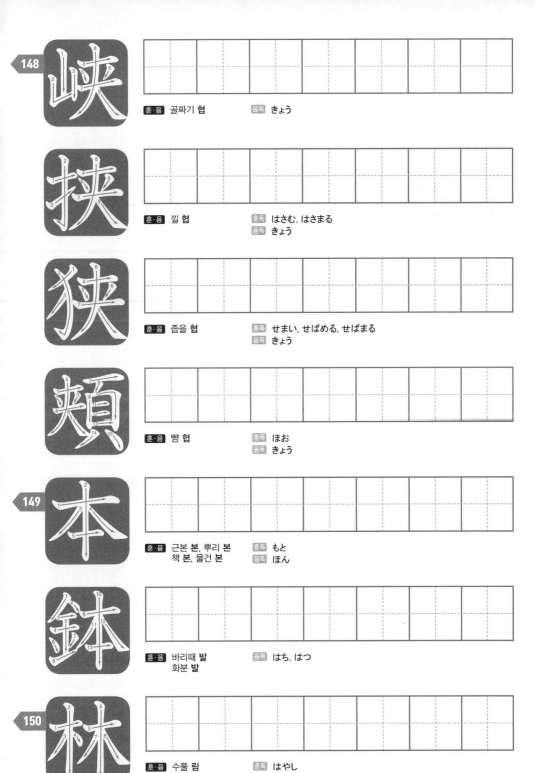

148 **峡**

훈·음 골짜기 협
음독 きょう

挟

훈·음 낄 협
훈독 はさむ, はさまる
음독 きょう

狭

훈·음 좁을 협
훈독 せまい, せばめる, せばまる
음독 きょう

頬

훈·음 뺨 협
훈독 ほお
음독 きょう

149 **本**

훈·음 근본 본, 뿌리 본
책 본, 물건 본
훈독 もと
음독 ほん

鉢

훈·음 바리때 발
화분 발
음독 はち, はつ

150 **林**

훈·음 수풀 림
훈독 はやし
음독 りん

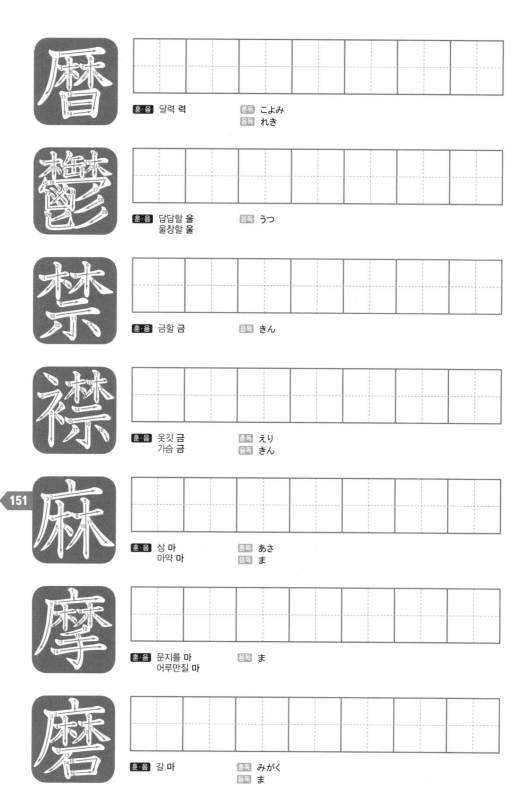

暦

훈·음 달력 력

훈독 こよみ
음독 れき

鬱

훈·음 답답할 울
울창할 울

음독 うつ

禁

훈·음 금할 금

음독 きん

襟

훈·음 옷깃 금
가슴 금

훈독 えり
음독 きん

151

麻

훈·음 삼 마
마약 마

훈독 あさ
음독 ま

摩

훈·음 문지를 마
어루만질 마

음독 ま

磨

훈·음 갈 마

훈독 みがく
음독 ま

魔

훈·음 마귀 마

음독 ま

152 朱

훈·음 붉을 주

음독 しゅ

珠

훈·음 구슬 주
진주 주

음독 しゅ

殊

훈·음 다를 수

훈독 こと
음독 しゅ

153 氏

훈·음 성 씨
뿌리 씨

훈독 うじ
음독 し

昏

훈·음 저물 혼

음독 こん

婚

훈·음 결혼할 혼

음독 こん

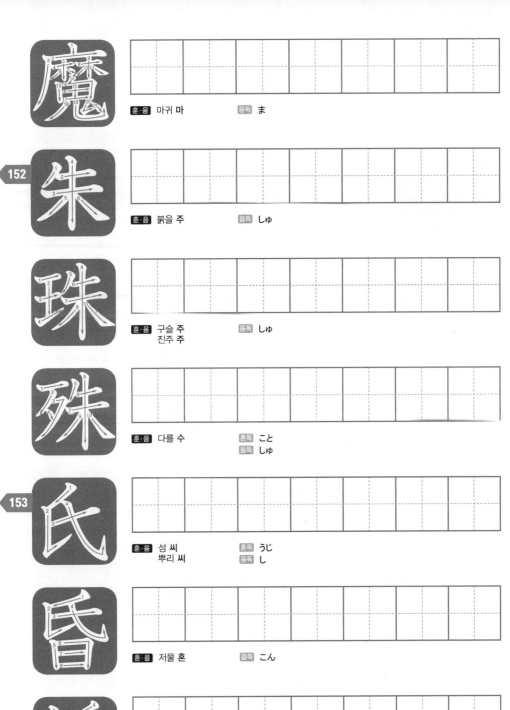

154

氐

훈·음 밑 저
근본 저

훈독 その, それ, そ

抵

훈·음 막을 저
당할 저

음독 てい

邸

훈·음 큰 집 저

음독 てい

底

훈·음 밑 저

훈독 そこ
음독 てい

155

民

훈·음 백성 민

훈독 たみ
음독 みん

眠

훈·음 잘 면

훈독 ねむい, ねむる
음독 みん

156

恨

훈·음 한할 한
뉘우칠 한

훈독 うらむ, うらめしい
음독 こん

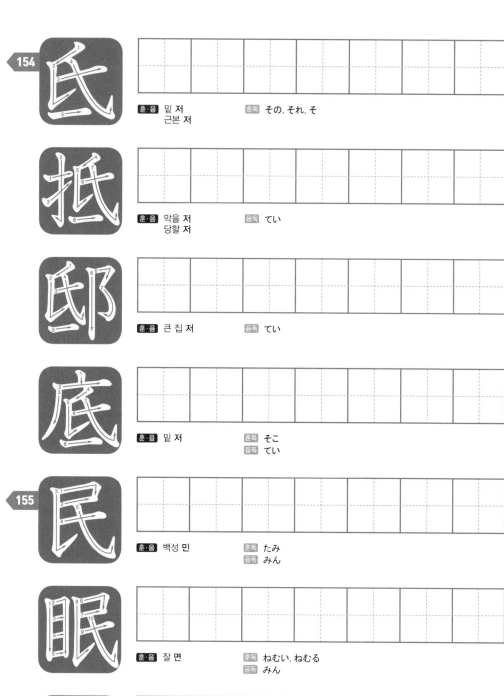

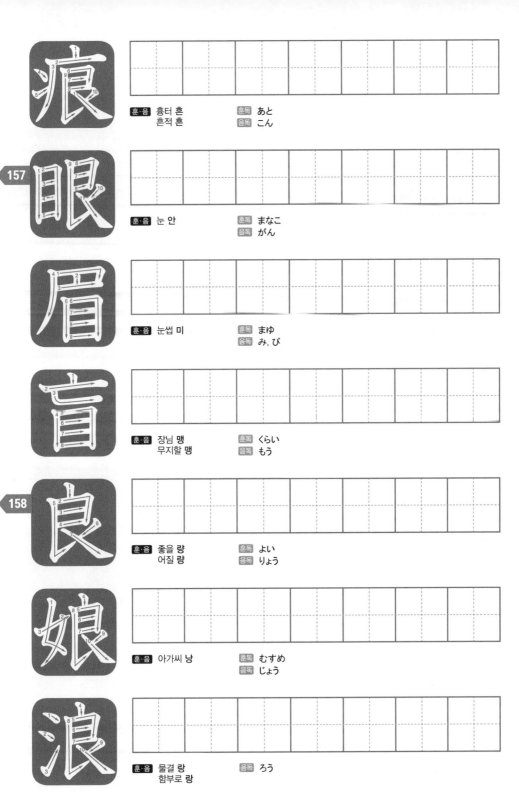

痕

훈·음 흉터 흔
흔적 흔

훈독 あと
음독 こん

157 眼

훈·음 눈 안

훈독 まなこ
음독 がん

眉

훈·음 눈썹 미

훈독 まゆ
음독 み, び

盲

훈·음 장님 **맹**
무지할 **맹**

훈독 くらい
음독 もう

158 良

훈·음 좋을 **량**
어질 **량**

훈독 よい
음독 りょう

娘

훈·음 아가씨 **낭**

훈독 むすめ
음독 じょう

浪

훈·음 물결 **랑**
함부로 **랑**

음독 ろう

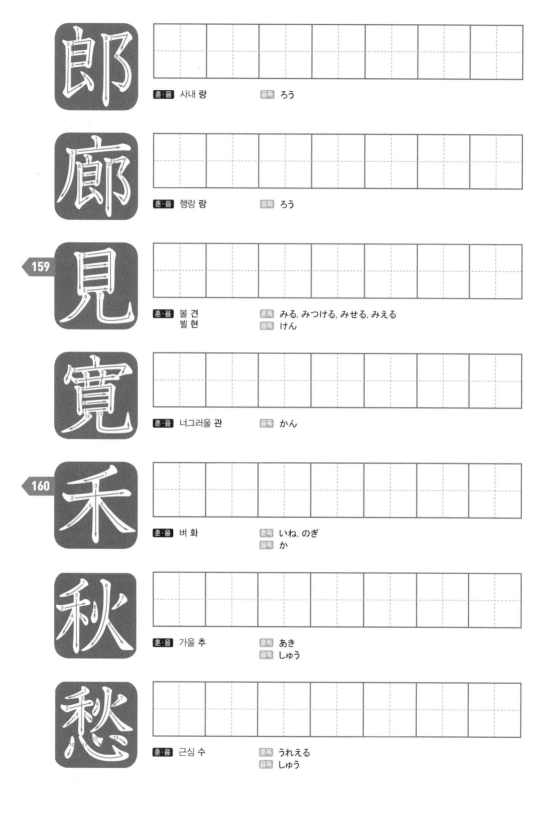

郎

훈·음 사내 랑

음독 ろう

廊

훈·음 행랑 랑

음독 ろう

159 見

훈·음 볼 견
볼 현

훈독 みる, みつける, みせる, みえる

음독 けん

寛

훈·음 너그러울 관

음독 かん

160 禾

훈·음 벼 화

훈독 いね, のぎ

음독 か

秋

훈·음 가을 추

훈독 あき

음독 しゅう

愁

훈·음 근심 수

훈독 うれえる

음독 しゅう

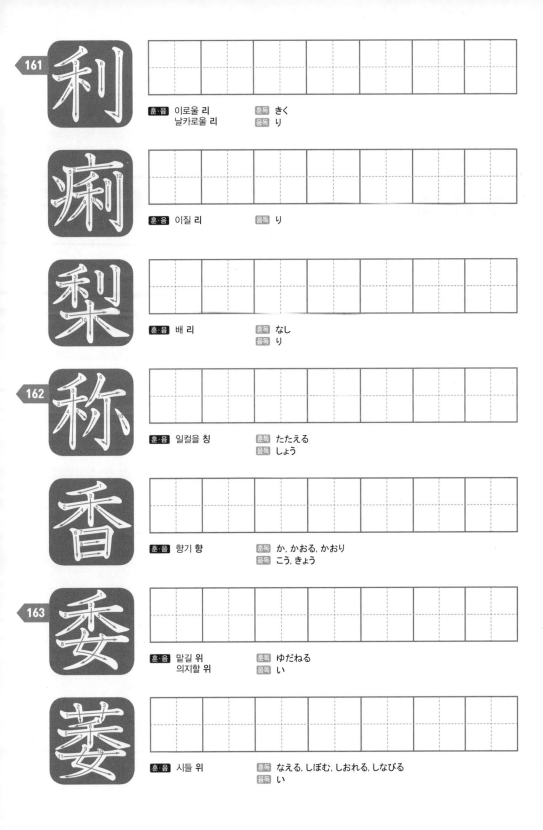

161 利

훈·음 이로울 리
날카로울 리

훈독 きく
음독 り

痢

훈·음 이질 리

음독 り

梨

훈·음 배 리

훈독 なし
음독 り

162 称

훈·음 일컬을 칭

훈독 たたえる
음독 しょう

香

훈·음 향기 향

훈독 か, かおる, かおり
음독 こう, きょう

163 委

훈·음 맡길 위
의지할 위

훈독 ゆだねる
음독 い

萎

훈·음 시들 위

훈독 なえる, しぼむ, しおれる, しなびる
음독 い

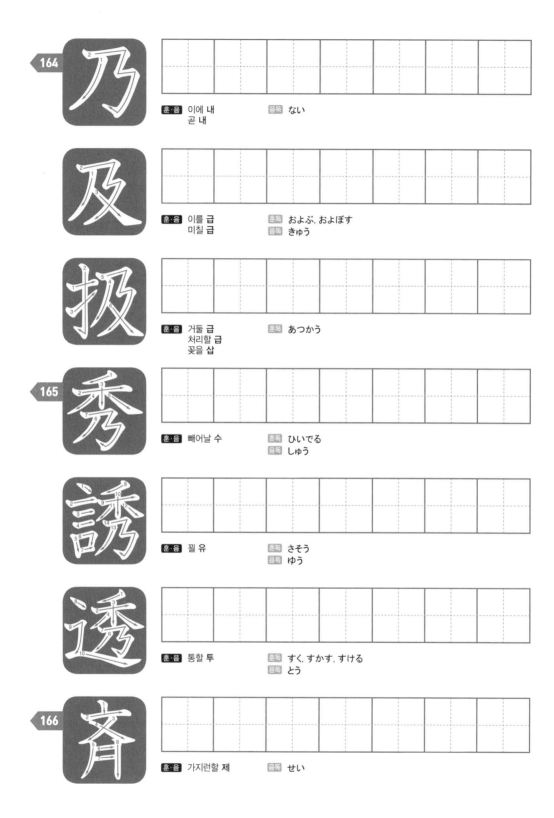

164

乃

훈·음 이에 내
곧 내

음독 ない

及

훈·음 이를 급
미칠 급

훈독 およぶ, およぼす
음독 きゅう

扱

훈·음 거둘 급
처리할 급
꽂을 삽

훈독 あつかう

165

秀

훈·음 빼어날 수

훈독 ひいでる
음독 しゅう

誘

훈·음 꾈 유

훈독 さそう
음독 ゆう

透

훈·음 통할 투

훈독 すく, すかす, すける
음독 とう

166

斉

훈·음 가지런할 제

음독 せい

剤

훈·음 약 지을 **제**

음독 ざい

斎

훈·음 재계할 **재**

음독 さい

167 楼

훈·음 다락 **루**
누각 **루**

음독 ろう

迷

훈·음 헷갈릴 **미**

훈독 まよう
음독 めい

謎

훈·음 수수께끼 **미**

훈독 なぞめく

168 継

훈·음 이을 **계**

훈독 つぐ, まま
음독 けい

粧

훈·음 단장할 **장**

음독 しょう

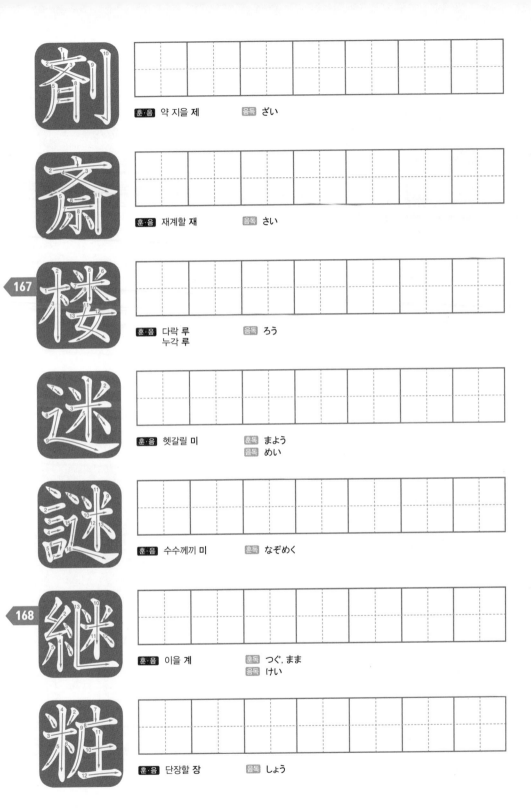

菊

훈·음 국화 국

음독 きく

奧

훈·음 속 오

훈독 おく
음독 おう

169 番

훈·음 차례 번
번지 번

훈독 つがい
음독 ばん

翻

훈·음 날 번
뒤집을 번
번역할 번

훈독 ひるがえる, ひるがえす
음독 ほん

審

훈·음 살필 심

음독 しん

藩

훈·음 울타리 번

음독 はん

170 式

훈·음 법 식
의식 식

음독 しき

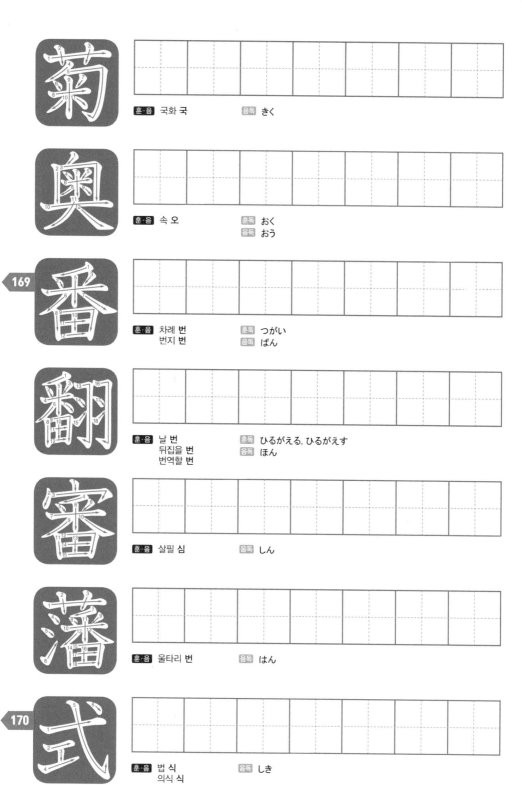

拭

훈·음 닦을 식

훈독 ぬぐう, ふく
음독 しょく, しき

171 武

훈·음 군사 무
무기 무

음독 ぶ, む

賦

훈·음 세금 거둘 부
줄 부

음독 ふ

172 代

훈·음 대신할 대
세대 대
대금 대

훈독 かわる, かえる, よ, しろ
음독 だい, たい

袋

훈·음 자루 대

훈독 ふくろ
음독 たい

173 戈

훈·음 창 과

훈독 ほこ
음독 か

伐

훈·음 칠 벌

음독 ばつ

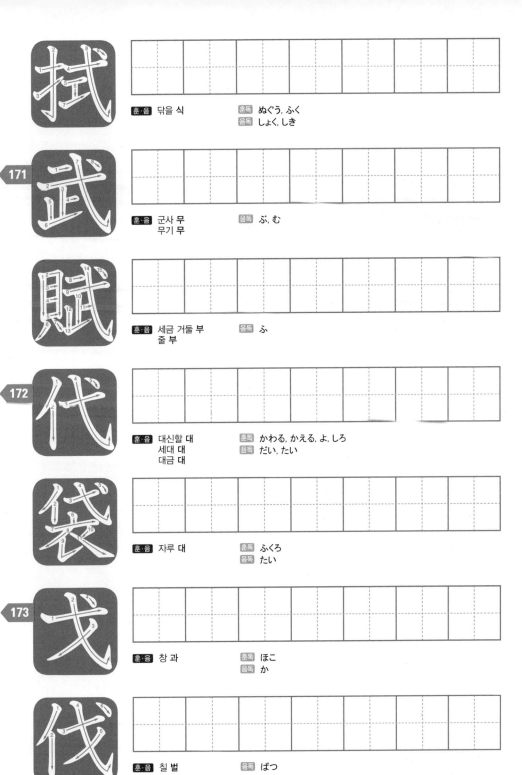

閥

훈·음 문벌 벌

음독 ばつ

174 桟

훈·음 사다리 잔
잔도 잔

음독 さん

践

훈·음 밟을 천
행할 천

음독 せん

箋

훈·음 쪽지 전
주석 전

음독 せん

175 或

훈·음 혹시 혹

훈독 ある, あるいは

음독 わく

惑

훈·음 유혹할 혹
어지러울 혹

훈독 まどう

음독 わく

176 我

훈·음 나 아

훈독 われ, わ

음독 が

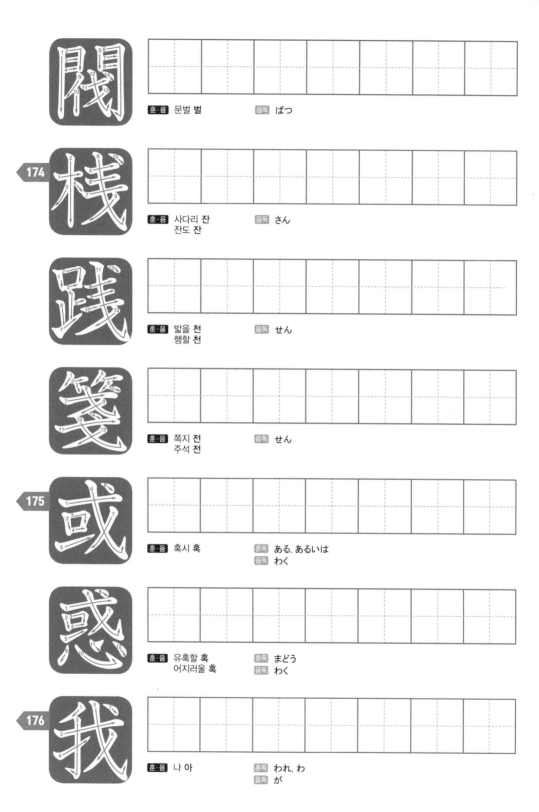

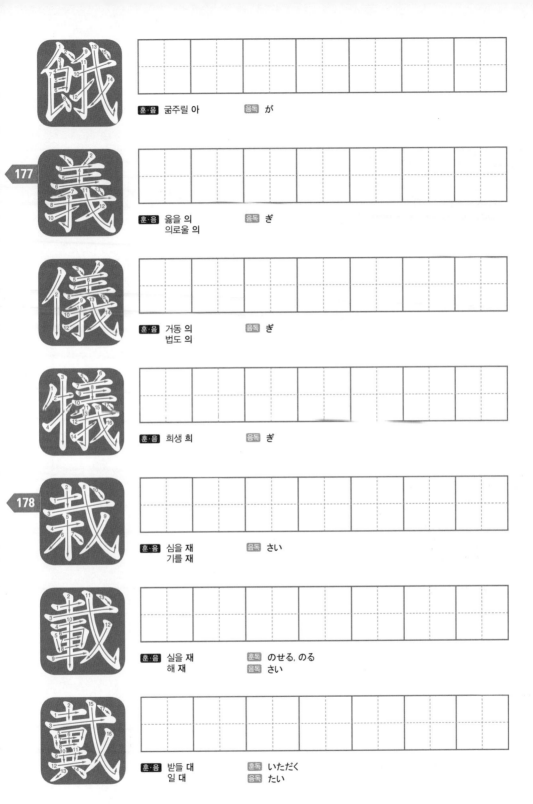

餓

훈·음 굶주릴 아

음독 が

177 義

훈·음 옳을 의
의로울 의

음독 ぎ

儀

훈·음 거동 의
법도 의

음독 ぎ

犠

훈·음 희생 희

음독 ぎ

178 栽

훈·음 심을 재
기를 재

음독 さい

載

훈·음 실을 재
해 재

훈독 のせる, のる
음독 さい

戴

훈·음 받들 대
일 대

훈독 いただく
음독 たい

繊

훈·음 가늘 섬 음독 せん

179 戎

훈·음 오랑캐 융
전쟁 융 음독 じゅう

賊

훈·음 도둑 적 음독 ぞく

180 茂

훈·음 무성할 무
우거질 무 훈독 しげる
음독 も

戚

훈·음 친척 척 음독 せき

戍

훈·음 지킬 수 음독 じゅ

蔑

훈·음 업신여길 멸 훈독 さげすむ, ないがしろ
음독 べつ

181 **戌**

훈음 구월 술
개 술
열한째 지지 술

훈독 いぬ
음독 じゅつ

威

훈음 위엄 위

음독 い

歳

훈음 해 세
세월 세

훈독 とし
음독 さい, せい

滅

훈음 꺼질 멸
멸할 멸

훈독 ほろびる, ほろぼす
음독 めつ

182 **感**

훈음 느낄 감
감동할 감

음독 かん

憾

훈음 한탄할 감
섭섭할 감

음독 かん

183 **列**

훈음 벌일 렬
줄 렬

음독 れつ

烈

훈·음 세찰 렬
매울 렬

음독 れつ

裂

훈·음 찢어질 렬
터질 렬

훈독 さく, さける
음독 れつ

184 死

훈·음 죽을 사

훈독 しぬ
음독 し

葬

훈·음 장사지낼 장

훈독 ほうむる
음독 そう

185 直

훈·음 곧을 직
바를 직

훈독 ただちに, なおす, なおる
음독 ちょく, じき

殖

훈·음 불릴 식

훈독 ふえる, ふやす
음독 しょく

186 斤

훈·음 도끼 근
저울 근

음독 きん

祈

훈·음 빌 기

훈독 いのる
음독 き

析

훈·음 쪼갤 석

음독 せき

匠

훈·음 장인 장

훈독 たくみ
음독 しょう

187

斬

훈·음 벨 참
죽일 참

훈독 きる
음독 ざん

漸

훈·음 점점 점

음독 ぜん

暫

훈·음 잠깐 잠

훈독 しばらく, しばし
음독 ざん

188

丘

훈·음 언덕 구

훈독 おか
음독 きゅう

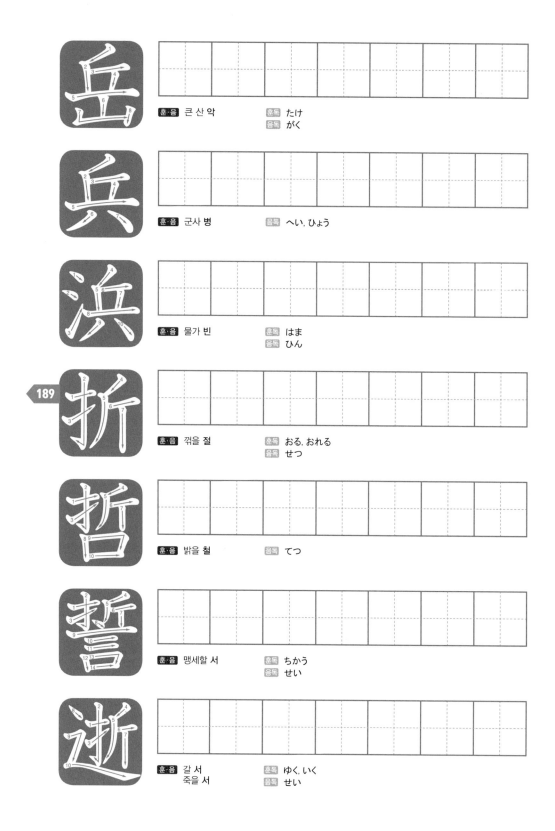

岳

훈·음 큰 산 악

훈독 たけ
음독 がく

兵

훈·음 군사 병

음독 へい, ひょう

浜

훈·음 물가 빈

훈독 はま
음독 ひん

189 折

훈·음 꺾을 절

훈독 おる, おれる
음독 せつ

哲

훈·음 밝을 철

음독 てつ

誓

훈·음 맹세할 서

훈독 ちかう
음독 せい

逝

훈·음 갈 서
죽을 서

훈독 ゆく, いく
음독 せい

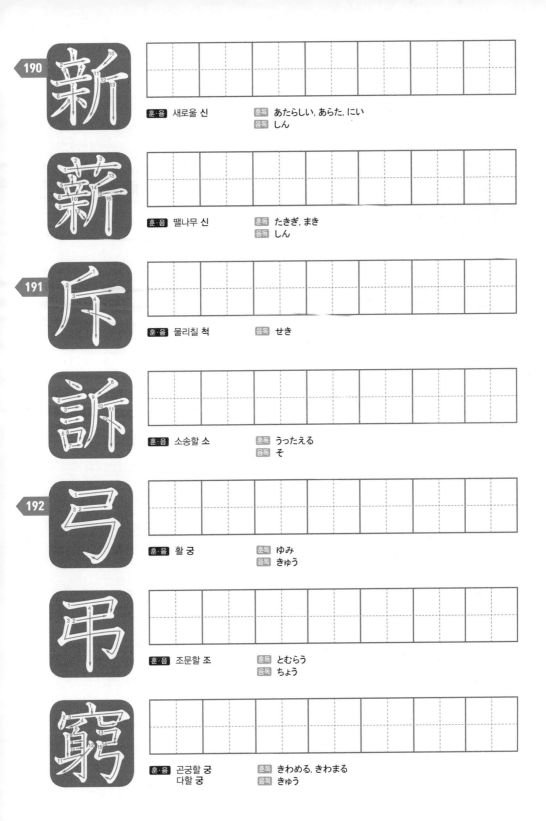

190

新

훈·음 새로울 신

훈독 あたらしい, あらた, にい
음독 しん

薪

훈·음 땔나무 신

훈독 たきぎ, まき
음독 しん

191

斥

훈·음 물리칠 척

음독 せき

訴

훈·음 소송할 소

훈독 うったえる
음독 そ

192

弓

훈·음 활 궁

훈독 ゆみ
음독 きゅう

弔

훈·음 조문할 조

훈독 とむらう
음독 ちょう

窮

훈·음 곤궁할 궁
다할 궁

훈독 きわめる, きわまる
음독 きゅう

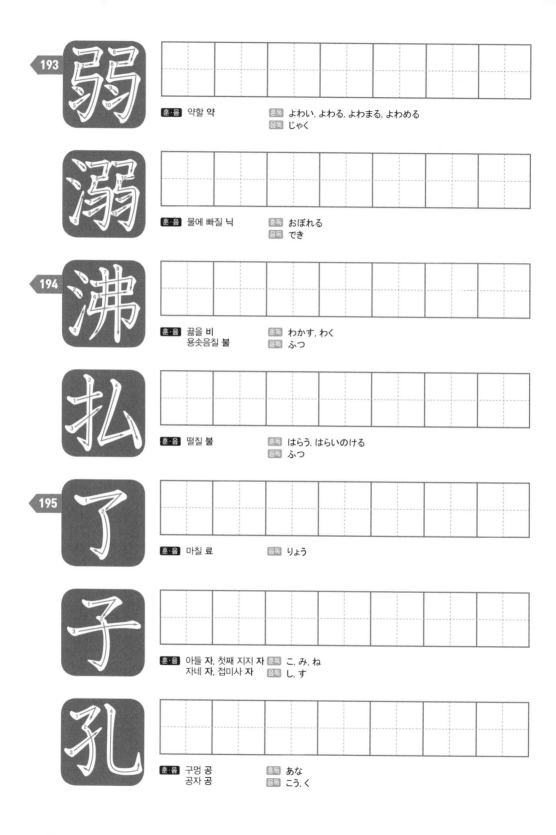

193

弱

훈·음 약할 약

훈독 よわい, よわる, よわまる, よわめる
음독 じゃく

溺

훈·음 물에 빠질 닉

훈독 おぼれる
음독 でき

194

沸

훈·음 끓을 비
용솟음칠 불

훈독 わかす, わく
음독 ふつ

払

훈·음 떨칠 불

훈독 はらう, はらいのける
음독 ふつ

195

了

훈·음 마칠 료

음독 りょう

子

훈·음 아들 **자**, 첫째 지지 **자**
자네 **자**, 접미사 **자**

훈독 こ, み, ね
음독 し, す

孔

훈·음 구멍 **공**
공자 **공**

훈독 あな
음독 こう, く

孟

훈·음 맏 맹
맹자 맹

음독 もう

猛

훈·음 날랠 맹
사나울 맹

음독 もう

196 予

훈·음 줄 여
나 여
미리 예

훈독 あらかじめ
음독 よ

矛

훈·음 창 모

훈독 ほこ
음독 む

柔

훈·음 부드러울 유

훈독 やわらかい
음독 じゅう, にゅう

197 干

훈·음 방패 간, 범할 간
얼마 간, 마를 건

훈독 ほす, ひる
음독 かん

肝

훈·음 간 간

훈독 きも
음독 かん

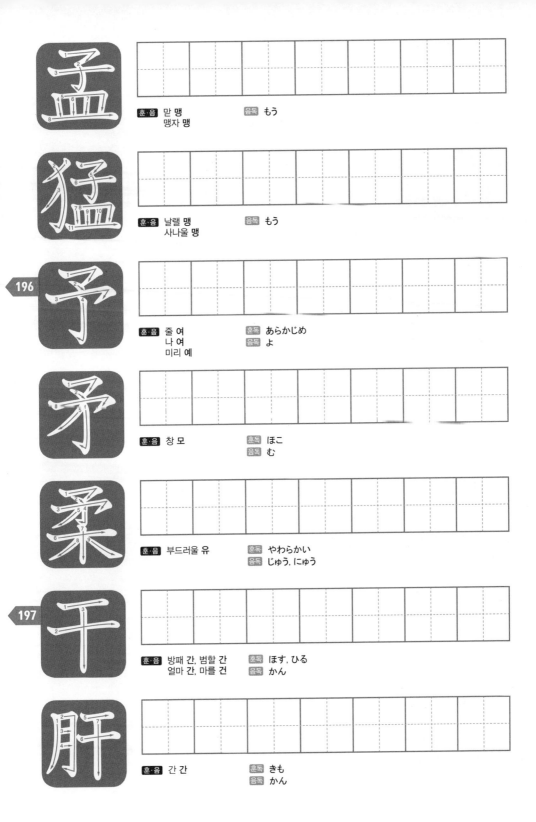

汗

훈·음 땀 한

훈독 あせ
음독 かん

軒

훈·음 난간 헌
추녀 헌
집 헌

훈독 のき
음독 けん

198

併

훈·음 아우를 **병**

훈독 あわせる
음독 へい

瓶

훈·음 병 **병**

훈독 かめ
음독 びん

餅

훈·음 떡 **병**

훈독 もち
음독 へい

屏

훈·음 병풍 **병**

음독 へい, びょう

塀

훈·음 담 **병**

음독 へい

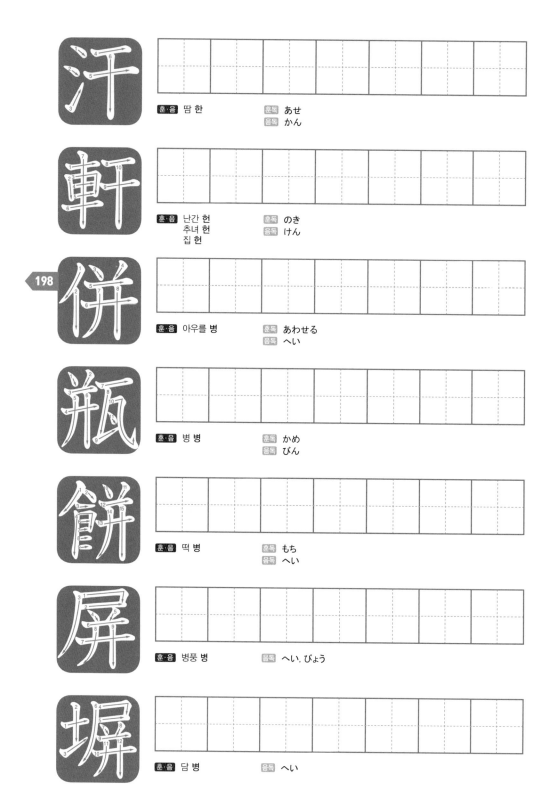

199

盾

훈·음 방패 순

훈독 たて
음독 じゅん

循

훈·음 돌 순
좇을 순

음독 じゅん

200

芋

훈·음 토란 우
고구마 우
클 후

훈독 いも

201

几

훈·음 안석 궤
책상 궤

음독 き

肌

훈·음 살 기
살갗 기

훈독 はだ

飢

훈·음 굶주릴 기

훈독 うえる
음독 き

冗

훈·음 쓸데없을 용
번거로울 용

음독 じょう

202

亢

훈·음 목 항
높을 항

음독 こう

抗

훈·음 대항할 항

훈독 あらがう
음독 こう

坑

훈·음 구덩이 갱

음독 こう

203

微

훈·음 작을 미
숨을 미

음독 び

徴

훈·음 부를 징
징조 징

음독 ちょう

懲

훈·음 징계할 징

훈독 こらしめる, こりる
음독 ちょう

204

凡

훈·음 무릇 범
보통 범

훈독 およそ, すべて
음독 ぼん, はん

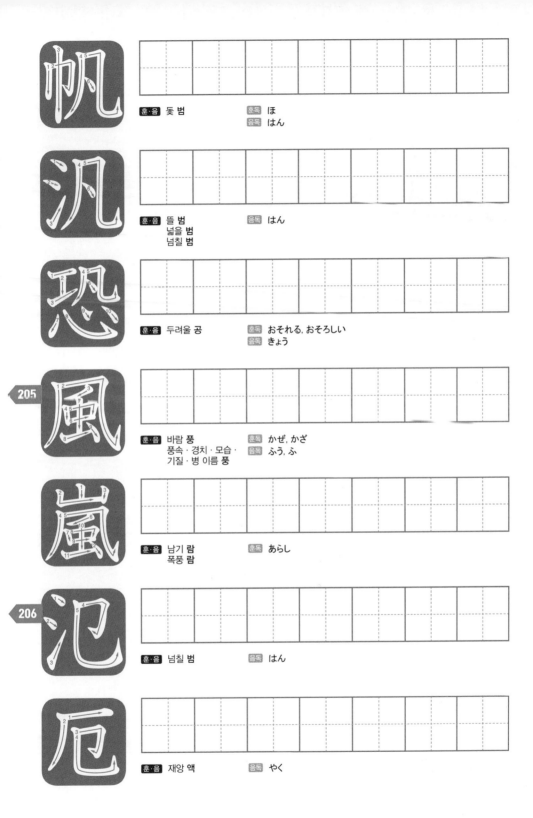

帆

훈·음 돛 범

훈독 ほ
음독 はん

汎

훈·음 뜰 범
넓을 범
넘칠 범

음독 はん

恐

훈·음 두려울 공

훈독 おそれる, おそろしい
음독 きょう

205 風

훈·음 바람 풍
풍속 · 경치 · 모습 ·
기질 · 병 이름 풍

훈독 かぜ, かざ
음독 ふう, ふ

嵐

훈·음 남기 람
폭풍 람

훈독 あらし

206 氾

훈·음 넘칠 범

음독 はん

厄

훈·음 재앙 액

음독 やく

範

훈·음 법 범
본보기 범

음독 はん

207

怨

훈·음 원망할 원

음독 えん, おん

宛

훈·음 굽을 완
완연할 완
~ 앞 완

훈독 あて

腕

훈·음 팔 완

훈독 うで
음독 わん

208

午

훈·음 말 오
일곱째 지지 오
낮 오

음독 ご

卸

훈·음 풀 사
도매할 사

훈독 おろす, おろし

御

훈·음 말 몰 어
다스릴 어
임금 어

훈독 おん
음독 ぎょ, ご

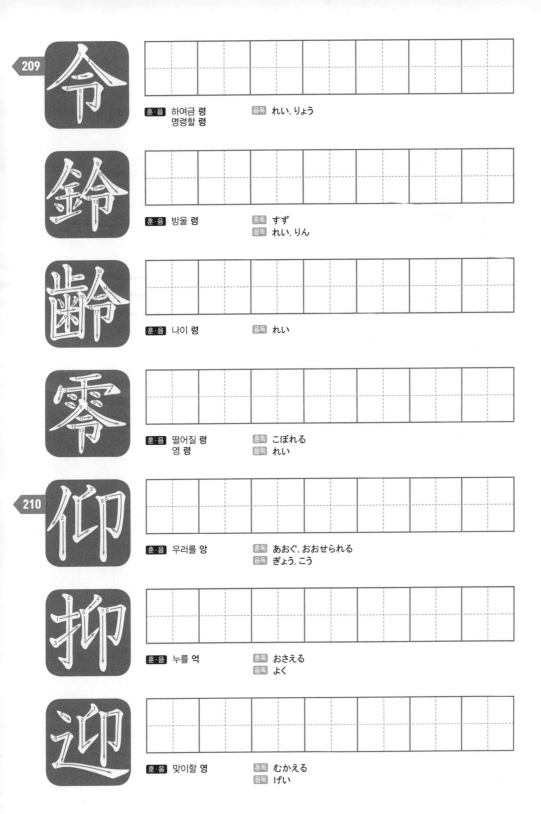

209 **令**

훈·음 하여금 령
명령할 령

음독 れい, りょう

鈴

훈·음 방울 령

훈독 すず

음독 れい, りん

齢

훈·음 나이 령

음독 れい

零

훈·음 떨어질 령
영 령

훈독 こぼれる

음독 れい

210 **仰**

훈·음 우러를 앙

훈독 あおぐ, おおせられる

음독 ぎょう, こう

抑

훈·음 누를 억

훈독 おさえる

음독 よく

迎

훈·음 맞이할 영

훈독 むかえる

음독 げい

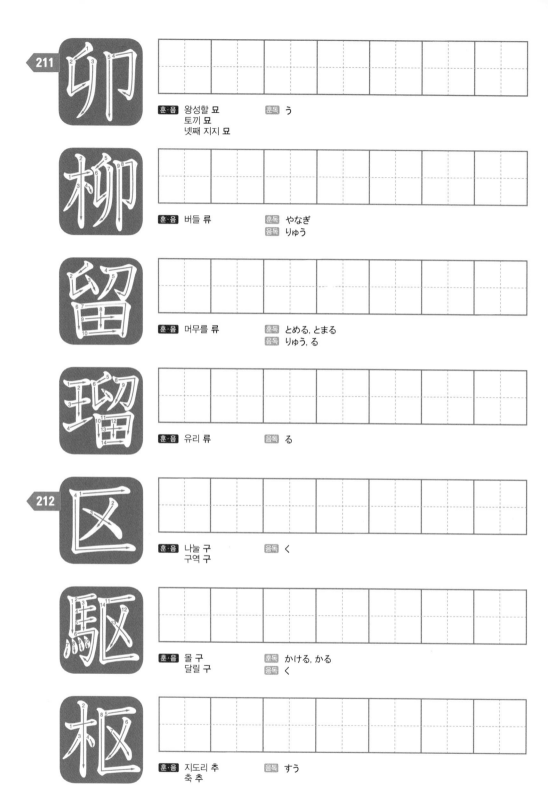

211

훈·음 왕성할 **묘**
토끼 **묘**
넷째 지지 **묘**

훈독 う

훈·음 버들 **류**

훈독 やなぎ
음독 りゅう

훈·음 머무를 **류**

훈독 とめる, とまる
음독 りゅう, る

훈·음 유리 **류**

음독 る

212

훈·음 나눌 **구**
구역 **구**

음독 く

훈·음 몰 **구**
달릴 **구**

훈독 かける, かる
음독 く

훈·음 지도리 **추**
축 **추**

음독 すう

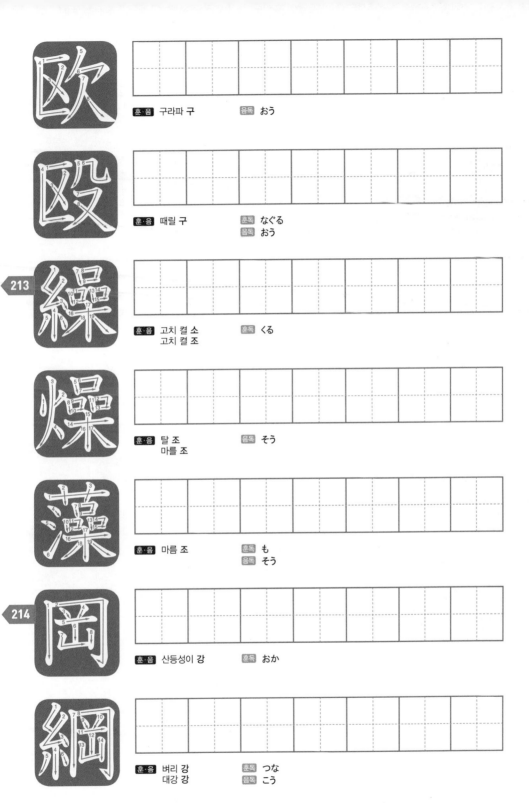

欧

훈·음 구라파 구
음독 おう

殴

훈·음 때릴 구
훈독 なぐる
음독 おう

213 繰

훈·음 고치 켤 소
고치 켤 조
훈독 くる

燥

훈·음 탈 조
마를 조
음독 そう

藻

훈·음 마름 조
훈독 も
음독 そう

214 岡

훈·음 산등성이 강
훈독 おか

綱

훈·음 벼리 강
대강 강
훈독 つな
음독 こう

剛

훈·음 굳셀 **강**
단단할 **강**

음독 ごう

215 母

훈·음 어미 **모**

훈독 はは
음독 ぼ

毎

훈·음 항상 **매**

음독 まい

侮

훈·음 업신여길 **모**

훈독 あなどる
음독 ぶ

悔

훈·음 후회할 **회**

훈독 くいる, くやしい, くやむ
음독 かい

敏

훈·음 민첩할 **민**

음독 びん

繁

훈·음 번성할 **번**

음독 はん

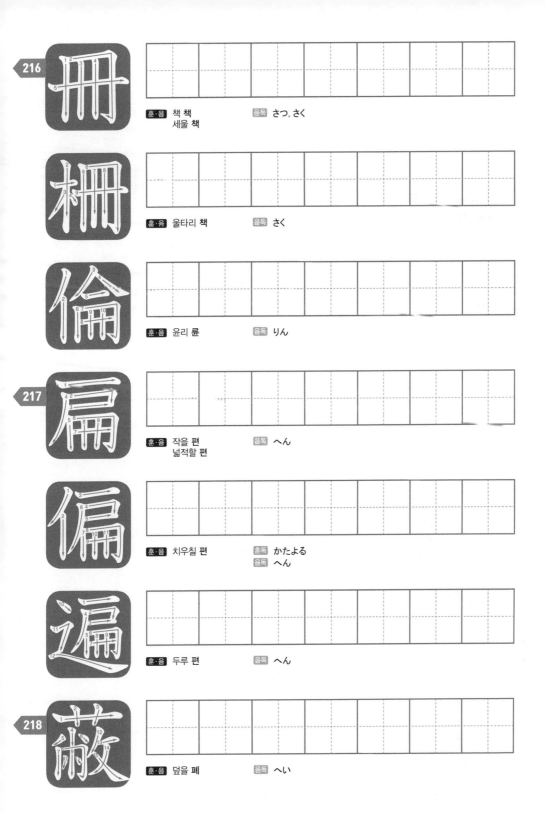

216

冊

훈·음 책 책
세울 책

음독 さつ, さく

柵

훈·음 울타리 책

음독 さく

倫

훈·음 윤리 륜

음독 りん

217

扁

훈·음 작을 편
넓적할 편

음독 へん

偏

훈·음 치우칠 편

훈독 かたよる
음독 へん

遍

훈·음 두루 편

음독 へん

218

蔽

훈·음 덮을 폐

음독 へい

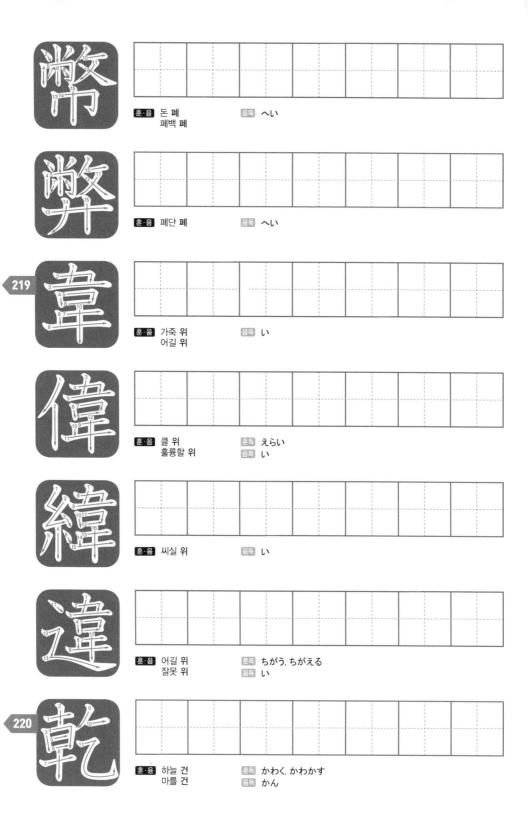

幣

훈·음 돈 폐
폐백 폐

음독 へい

弊

훈·음 폐단 폐

음독 へい

219

韋

훈·음 가죽 위
어길 위

음독 い

偉

훈·음 클 위
훌륭할 위

훈독 えらい
음독 い

緯

훈·음 씨실 위

음독 い

違

훈·음 어길 위
잘못 위

훈독 ちがう, ちがえる
음독 い

220

乾

훈·음 하늘 건
마를 건

훈독 かわく, かわかす
음독 かん

韓

훈·음 한국 한

음독 かん

朝

훈·음 아침 조
조정 조
뵐 조

훈독 あさ
음독 ちょう

嘲

훈·음 조롱할 조

훈독 あざける
음독 ちょう

221 桀

훈·음 사나울 걸
걸 임금 걸

음독 けつ

傑

훈·음 뛰어날 걸

음독 けつ

222 舜

훈·음 무궁화 순
순임금 순

음독 しゅん

瞬

훈·음 눈 깜짝할 순

훈독 またたく, まばたく
음독 しゅん

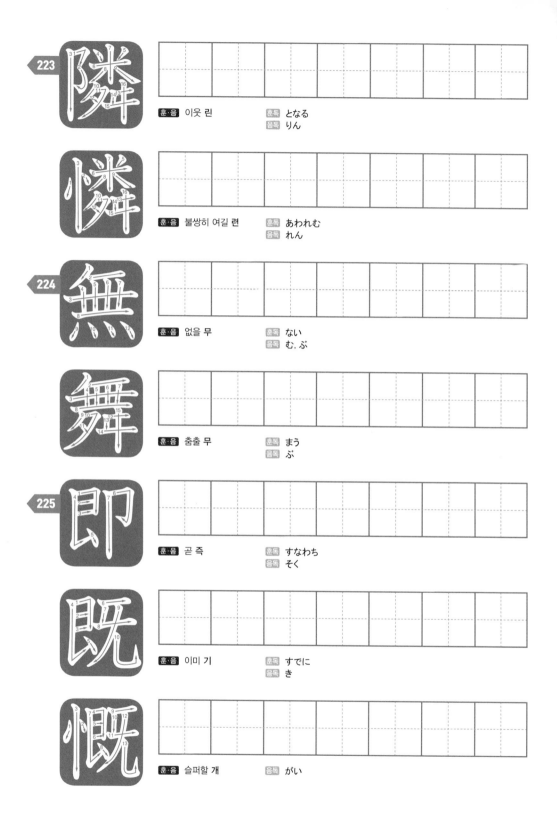

223

隣

훈·음 이웃 린

훈독 となる

음독 りん

憐

훈·음 불쌍히 여길 련

훈독 あわれむ

음독 れん

224

無

훈·음 없을 무

훈독 ない

음독 む, ぶ

舞

훈·음 춤출 무

훈독 まう

음독 ぶ

225

即

훈·음 곧 즉

훈독 すなわち

음독 そく

既

훈·음 이미 기

훈독 すでに

음독 き

慨

훈·음 슬퍼할 개

음독 がい

概

훈·음 대개 개
대강 개

음독 がい

226 止

훈·음 그칠 지

훈독 とまる, とめる
음독 し

祉

훈·음 복 지

음독 し

企

훈·음 바랄 기
꾀할 기

훈독 くわだてる
음독 き

肯

훈·음 즐길 긍
긍정할 긍

음독 こう

渋

훈·음 떫을 삽
껄끄러울 삽

훈독 しぶい, しぶる
음독 じゅう

227 雌

훈·음 암컷 자

훈독 めす, め
음독 し

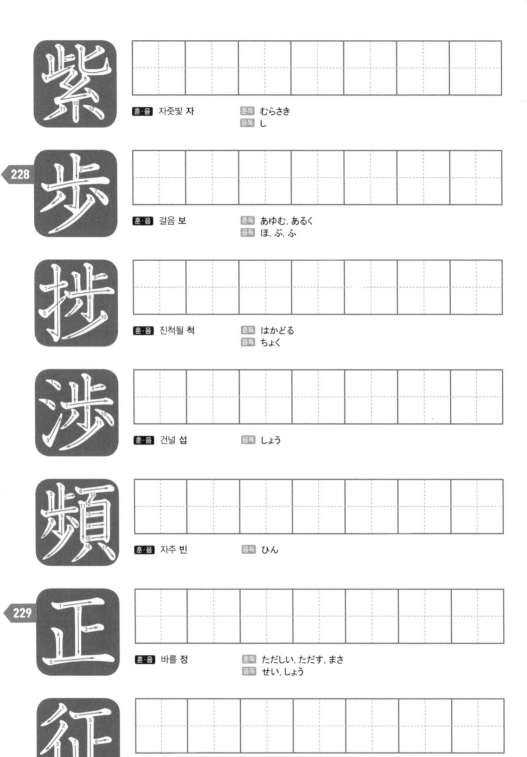

紫

훈·음 자줏빛 자

훈독 むらさき

음독 し

228 歩

훈·음 걸음 보

훈독 あゆむ, あるく

음독 ほ, ぶ, ふ

捗

훈·음 진척될 척

훈독 はかどる

음독 ちょく

渉

훈·음 건널 섭

음독 しょう

頻

훈·음 자주 빈

음독 ひん

229 正

훈·음 바를 정

훈독 ただしい, ただす, まさ

음독 せい, しょう

征

훈·음 칠 정

음독 せい

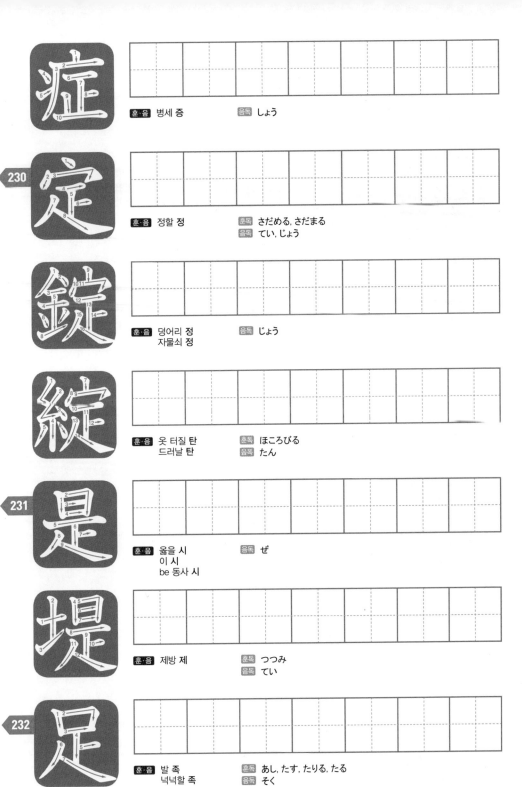

症

훈·음 병세 증

음독 しょう

230 定

훈·음 정할 정

훈독 さだめる, さだまる
음독 てい, じょう

錠

훈·음 덩어리 정
자물쇠 정

음독 じょう

綻

훈·음 옷 터질 탄
드러날 탄

훈독 ほころびる
음독 たん

231 是

훈·음 옳을 시
이 시
be 동사 시

음독 ぜ

堤

훈·음 제방 제

훈독 つつみ
음독 てい

232 足

훈·음 발 족
넉넉할 족

훈독 あし, たす, たりる, たる
음독 そく

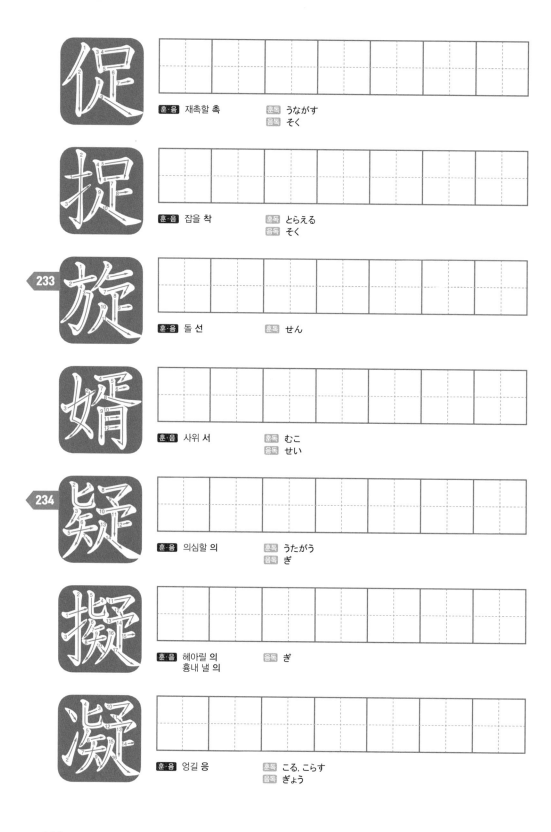

促

훈·음 재촉할 촉

훈독 うながす
음독 そく

捉

훈·음 잡을 착

훈독 とらえる
음독 そく

233 旋

훈·음 돌 선

훈독 せん

婿

훈·음 사위 서

훈독 むこ
음독 せい

234 疑

훈·음 의심할 의

훈독 うたがう
음독 ぎ

擬

훈·음 헤아릴 의
흉내 낼 의

음독 ぎ

凝

훈·음 엉길 응

훈독 こる, こらす
음독 ぎょう

235

楚

훈·음 고울 초, 초나라 초
회초리 초, 아플 초

음독 そ

礎

훈·음 주춧돌 초
기초 초

훈독 いしずえ
음독 そ

236

仙

훈·음 신선 선

음독 せん

峠

훈·음 고개 상
고비 상

훈독 とうげ

237

出

훈·음 나올 출
나갈 출

훈독 でる, だす
음독 しゅつ, すい

拙

훈·음 못날 졸

훈독 つたない
음독 せつ

238

屈

훈·음 굽을 굴
굽힐 굴

음독 くつ

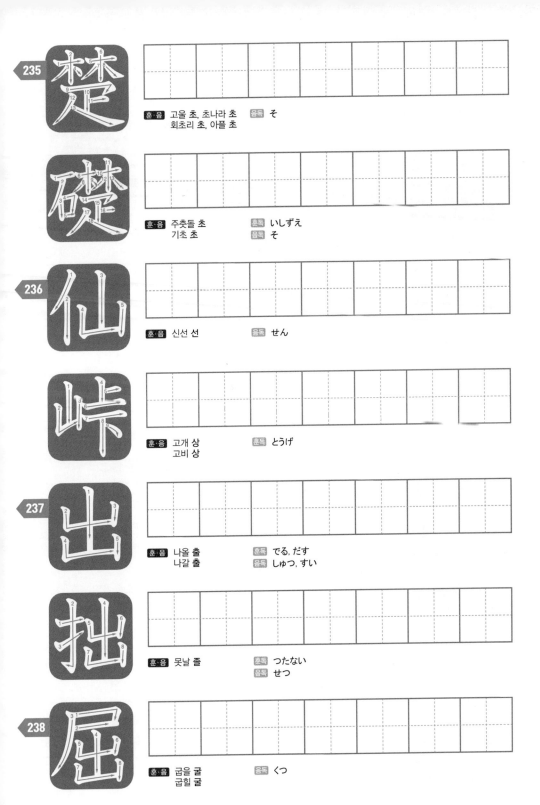

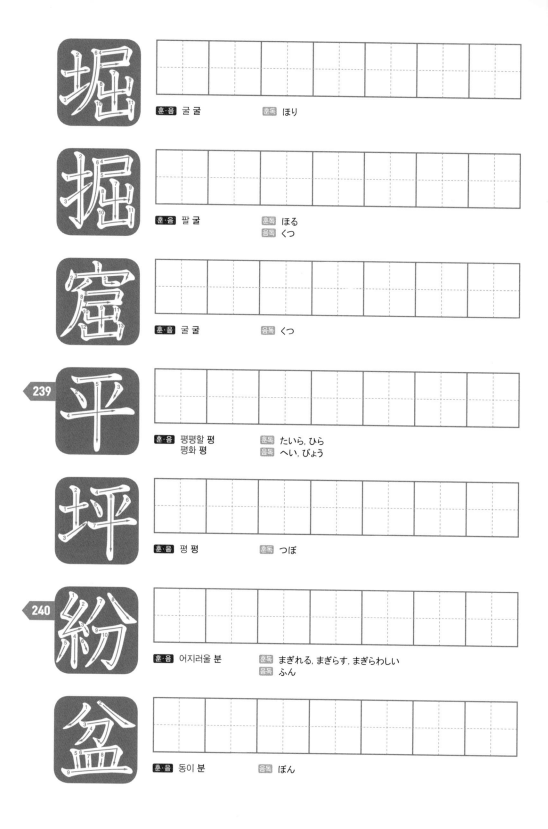

堀

훈·음 굴 굴

훈독 ほり

掘

훈·음 팔 굴

훈독 ほる
음독 くつ

窟

훈·음 굴 굴

음독 くつ

239 平

훈·음 평평할 **평**
평화 **평**

훈독 たいら, ひら
음독 へい, びょう

坪

훈·음 평 **평**

훈독 つぼ

240 紛

훈·음 어지러울 **분**

훈독 まぎれる, まぎらす, まぎらわしい
음독 ふん

盆

훈·음 동이 분

음독 ぼん

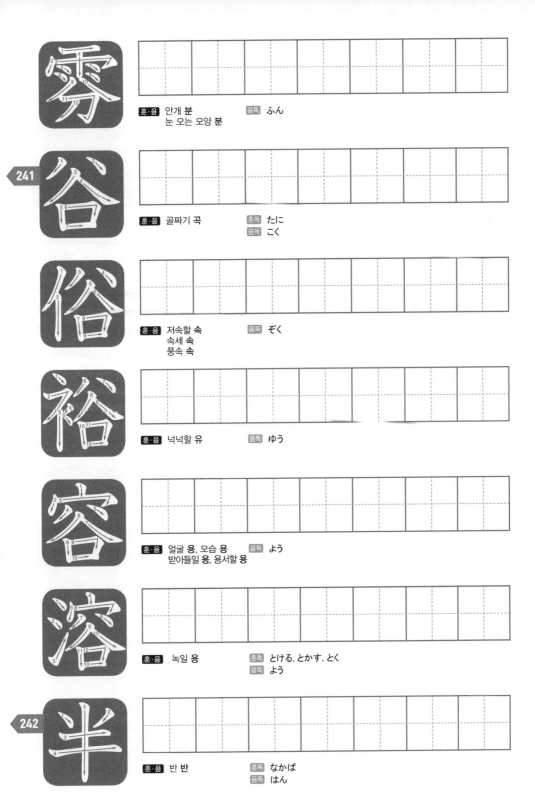

雰

훈·음 안개 분
눈 오는 모양 분

음독 ふん

241 谷

훈·음 골짜기 곡

훈독 たに
음독 こく

俗

훈·음 저속할 속
속세 속
풍속 속

음독 ぞく

裕

훈·음 넉넉할 유

음독 ゆう

容

훈·음 얼굴 용, 모습 용
받아들일 용, 용서할 용

음독 よう

溶

훈·음 녹일 용

훈독 とける, とかす, とく
음독 よう

242 半

훈·음 반 반

훈독 なかば
음독 はん

伴

훈·음 짝 반
따를 반

훈독 ともなう
음독 はん, ばん

畔

훈·음 두둑 반

음독 はん

243 小

훈·음 작을 소

훈독 ちいさい, こ, お
음독 しょう

少

훈·음 적을 소
젊을 소

훈독 すくない, すこし
음독 しょう

弥

훈·음 두루 미
꿰맬 미
더욱 미

훈독 や

隙

훈·음 틈 극

훈독 すき
음독 げき

244 肖

훈·음 작을 소
닮을 초

음독 しょう

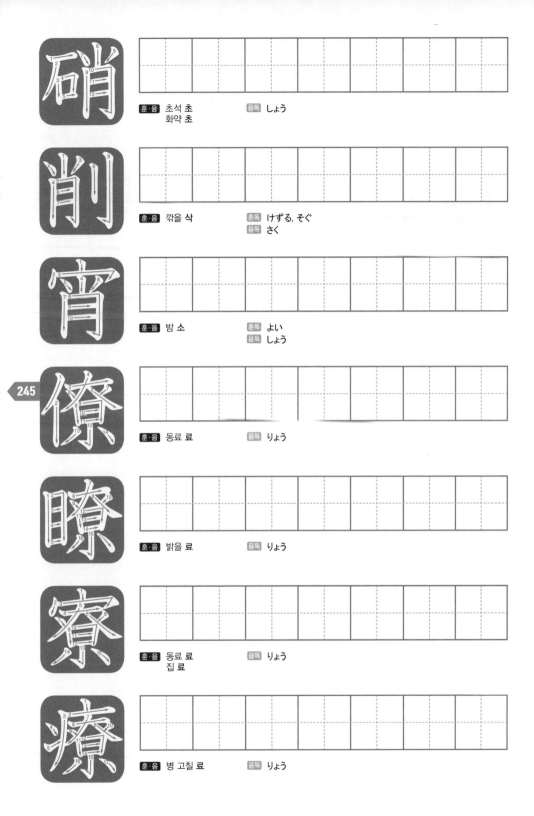

硝

훈·음 초석 초
화약 초

음독 しょう

削

훈·음 깎을 삭

훈독 けずる, そぐ
음독 さく

宵

훈·음 밤 소

훈독 よい
음독 しょう

245

僚

훈·음 동료 료

음독 りょう

瞭

훈·음 밝을 료

음독 りょう

寮

훈·음 동료 료
집 료

음독 りょう

療

훈·음 병 고칠 료

음독 りょう

246

妙

훈·음 묘할 묘
예쁠 묘

음독 みょう

沙

훈·음 모래 사

음독 さ

抄

훈·음 뽑을 초
베낄 초

음독 しょう

賓

훈·음 손님 빈

음독 ひん

247

示

훈·음 보일 시
신 시

훈독 しめす
음독 じ, し

奈

훈·음 어찌 내
어찌 나

음독 な

款

훈·음 정성 관
조목 관
기록 관

음독 かん

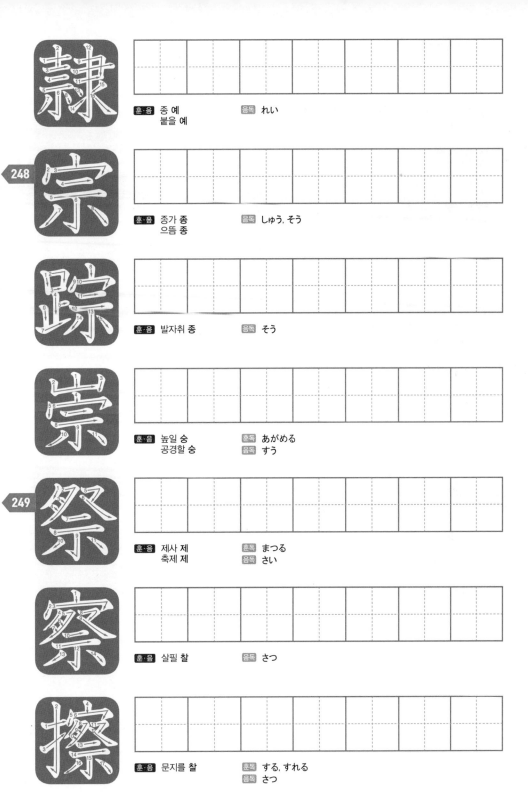

隷

훈·음 종 예
붙을 예

음독 れい

248 宗

훈·음 종가 종
으뜸 종

음독 しゅう, そう

踪

훈·음 발자취 종

음독 そう

崇

훈·음 높일 숭
공경할 숭

훈독 あがめる
음독 すう

249 祭

훈·음 제사 제
축제 제

훈독 まつる
음독 さい

察

훈·음 살필 찰

음독 さつ

擦

훈·음 문지를 찰

훈독 する, すれる
음독 さつ

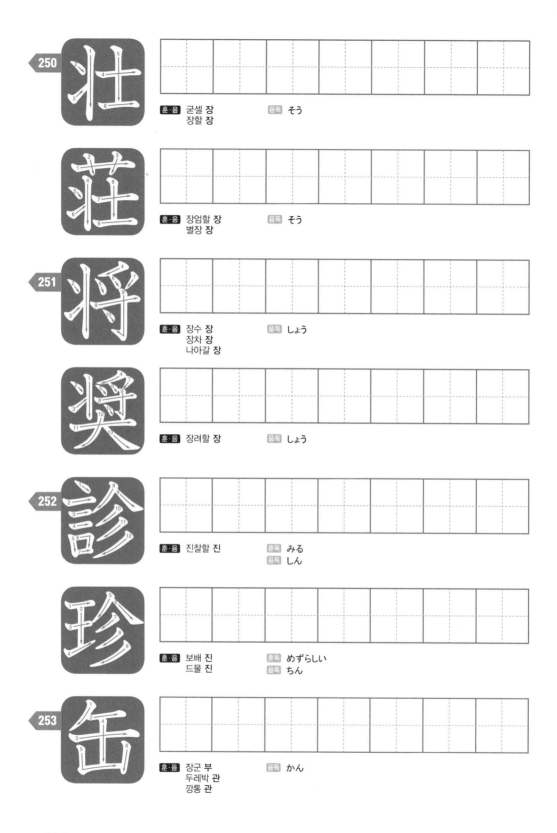

250 壮

훈·음 굳셀 장
장할 장

음독 そう

荘

훈·음 장엄할 장
별장 장

음독 そう

251 将

훈·음 장수 장
장차 장
나아갈 장

음독 しょう

奨

훈·음 장려할 장

음독 しょう

252 診

훈·음 진찰할 진

훈독 みる
음독 しん

珍

훈·음 보배 진
드물 진

훈독 めずらしい
음독 ちん

253 缶

훈·음 장군 부
두레박 관
깡통 관

음독 かん

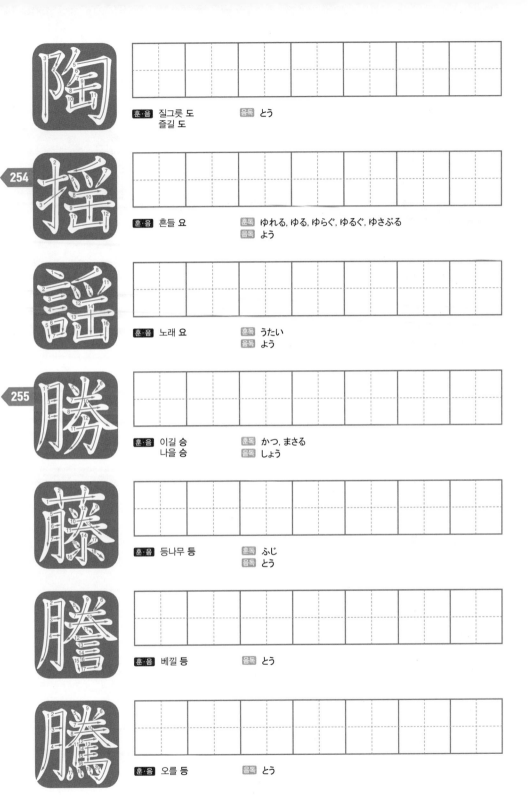

陶

훈·음 질그릇 도
즐길 도

음독 とう

254

揺

훈·음 흔들 요

훈독 ゆれる, ゆる, ゆらぐ, ゆるぐ, ゆさぶる
음독 よう

謡

훈·음 노래 요

훈독 うたい
음독 よう

255

勝

훈·음 이길 승
나을 승

훈독 かつ, まさる
음독 しょう

藤

훈·음 등나무 등

훈독 ふじ
음독 とう

謄

훈·음 베낄 등

음독 とう

騰

훈·음 오를 등

음독 とう

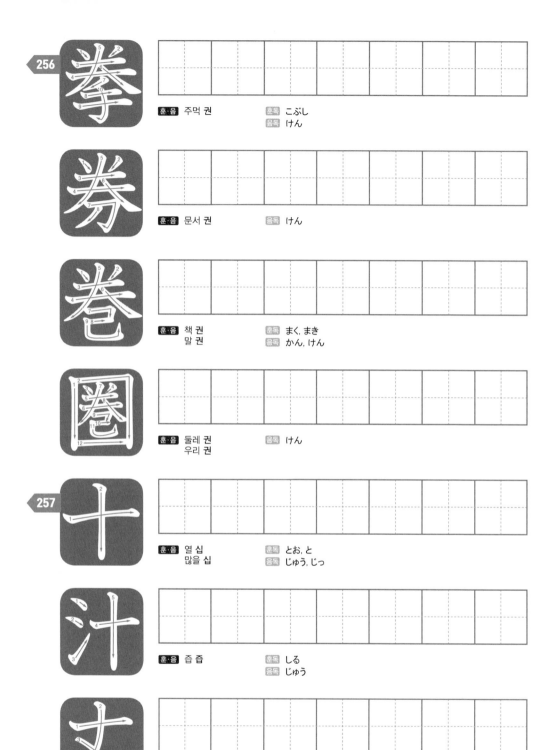

256

拳

훈·음 주먹 **권**

훈독 こぶし
음독 けん

券

훈·음 문서 **권**

음독 けん

巻

훈·음 책 **권**
말 **권**

훈독 まく, まき
음독 かん, けん

圏

훈·음 둘레 **권**
우리 **권**

음독 けん

257

十

훈·음 열 **십**
많을 **십**

훈독 とお, と
음독 じゅう, じっ

汁

훈·음 즙 **즙**

훈독 しる
음독 じゅう

丈

훈·음 어른 **장**
길이 **장**

훈독 たけ
음독 じょう

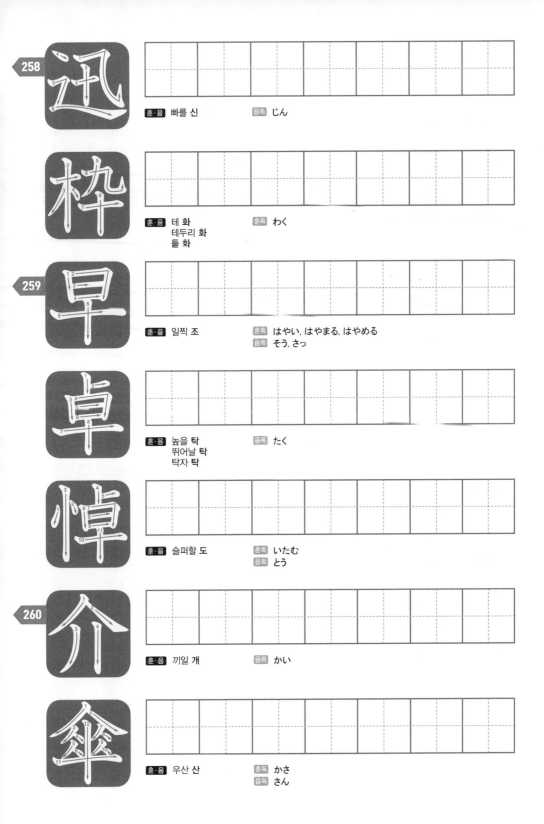

258
迅

훈·음 빠를 신

음독 じん

枠

훈·음 테 화
테두리 화
틀 화

훈독 わく

259
早

훈·음 일찍 조

훈독 はやい, はやまる, はやめる
음독 そう, さっ

卓

훈·음 높을 탁
뛰어날 탁
탁자 탁

음독 たく

悼

훈·음 슬퍼할 도

훈독 いたむ
음독 とう

260
介

훈·음 끼일 개

음독 かい

傘

훈·음 우산 산

훈독 かさ
음독 さん

脊

훈·음 등마루 척
척추 척

음독 せき

261 支

훈·음 지탱할 지, 다룰 지
가를 지, 지출할 지

훈독 ささえる
음독 し

肢

훈·음 사지 지

음독 し

伎

훈·음 재주 기

음독 き

岐

훈·음 갈림길 기

음독 き

262 勃

훈·음 갑자기 일어날 발

음독 ぼつ

263 叫

훈·음 부르짖을 규
울 규

훈독 さけぶ
음독 きょう

糾

훈·음 얽힐 규
모일 규
살필 규

음독 きゅう

264 斗

훈·음 말 두
싸울 투

음독 と

斜

훈·음 비스듬할 사
기울 사

훈독 ななめ
음독 しゃ

265 卜

훈·음 점 복

음독 ぼく

朴

훈·음 순박할 박

음독 ぼく

訃

훈·음 부고 부

음독 ふ

赴

훈·음 다다를 부
알릴 부

훈독 おもむく
음독 ふ

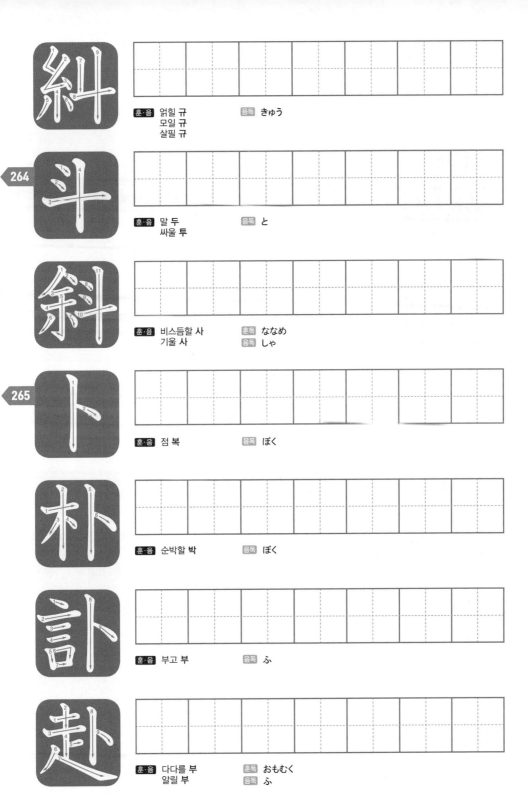

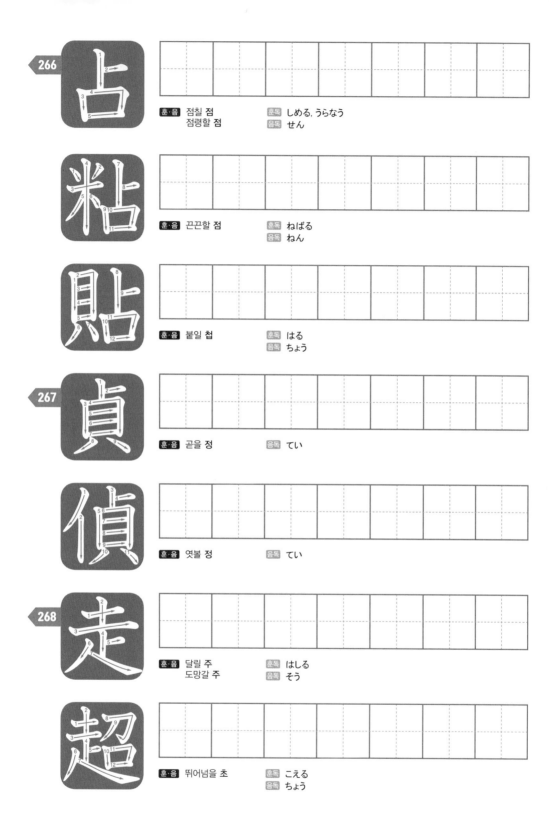

266

占

훈·음 점칠 점
점령할 점

훈독 しめる, うらなう
음독 せん

粘

훈·음 끈끈할 점

훈독 ねばる
음독 ねん

貼

훈·음 붙일 첩

훈독 はる
음독 ちょう

267

貞

훈·음 곧을 정

음독 てい

偵

훈·음 엿볼 정

음독 てい

268

走

훈·음 달릴 주
도망갈 주

훈독 はしる
음독 そう

超

훈·음 뛰어넘을 초

훈독 こえる
음독 ちょう

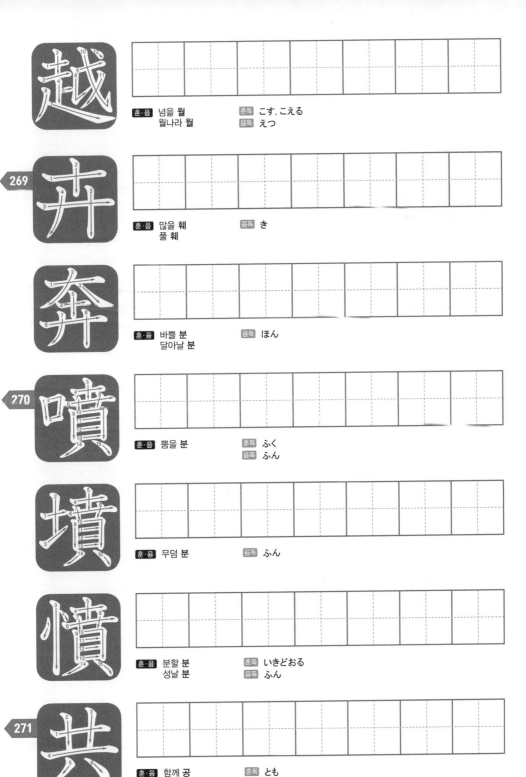

越

훈·음 넘을 월
월나라 월

훈독 こす, こえる
음독 えつ

269 卉

훈·음 많을 훼
풀 훼

음독 き

奔

훈·음 바쁠 분
달아날 분

음독 ほん

270 噴

훈·음 뿜을 분

훈독 ふく
음독 ふん

墳

훈·음 무덤 분

음독 ふん

憤

훈·음 분할 분
성날 분

훈독 いきどおる
음독 ふん

271 共

훈·음 함께 공

훈독 とも
음독 きょう

洪

훈·음 넓을 홍
홍수 홍

음독 こう

恭

훈·음 공손할 공

훈독 うやうやしい
음독 きょう

272

異

훈·음 다를 이

훈독 ことなる
음독 い

暴

훈·음 사나울 폭
사나울 포
드러날 폭

훈독 あばく, あばれる
음독 ぼう

爆

훈·음 폭발할 폭

훈독 はぜる
음독 ばく

273

庶

훈·음 여러 서
백성 서
첩의 아들 서

음독 しょ

遮

훈·음 막을 차

훈독 さえぎる
음독 しゃ

274 **度**

훈·음 법도 도
정도 도
헤아릴 탁

훈독 たび
음독 ど, と, たく

渡

훈·음 건널 도

훈독 わたる, わたす
음독 と

275 **昔**

훈·음 옛 석

훈독 むかし
음독 せき, しゃく

惜

훈·음 아낄 석
가엾을 석

훈독 おしい, おしむ
음독 せき

措

훈·음 둘 조

음독 そ

錯

훈·음 섞일 착
어긋날 착

음독 さく

籍

훈·음 서적 적
문서 적

음독 せき

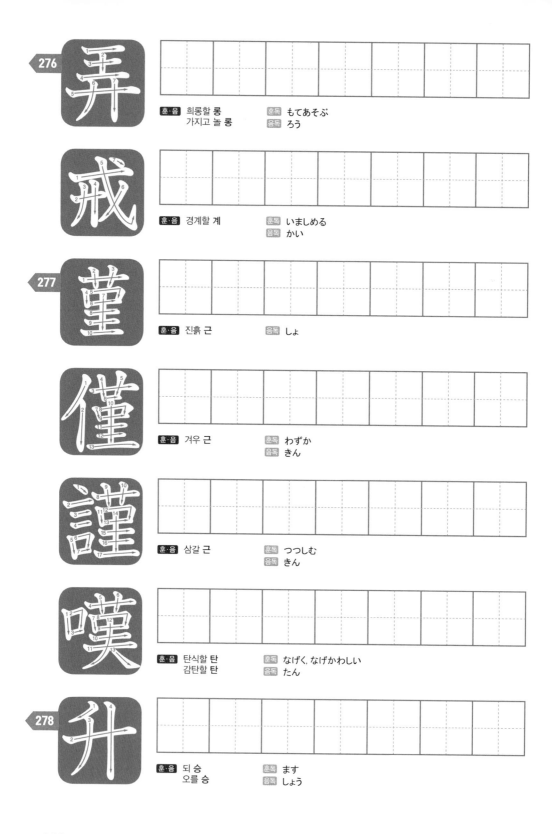

276

弄

훈·음 희롱할 롱
가지고 놀 롱

훈독 もてあそぶ
음독 ろう

戒

훈·음 경계할 계

훈독 いましめる
음독 かい

277

菫

훈·음 진흙 근

음독 しょ

僅

훈·음 겨우 근

훈독 わずか
음독 きん

謹

훈·음 삼갈 근

훈독 つつしむ
음독 きん

嘆

훈·음 탄식할 탄
감탄할 탄

훈독 なげく, なげかわしい
음독 たん

278

升

훈·음 되 승
오를 승

훈독 ます
음독 しょう

昇

훈·음 오르 승

훈독 のぼる
음독 しょう

279 託

훈·음 부탁할 탁
핑계 댈 탁

음독 たく

280 舌

훈·음 혀 설

훈독 した
음독 ぜつ

括

훈·음 묶을 괄

훈독 くくる
음독 かつ

憩

훈·음 쉴 게

훈독 いこう
음독 けい

281 垂

훈·음 드리울 수

훈독 たらす, たれる
음독 すい

睡

훈·음 졸 수
잘 수

음독 すい

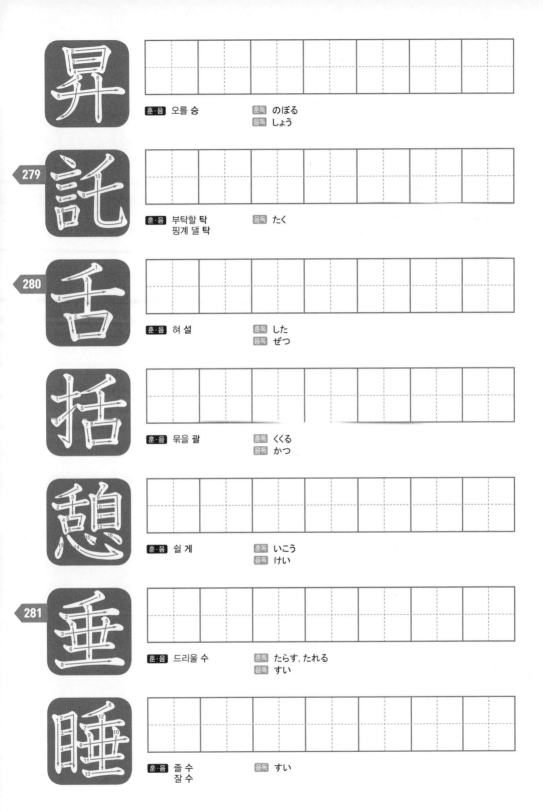

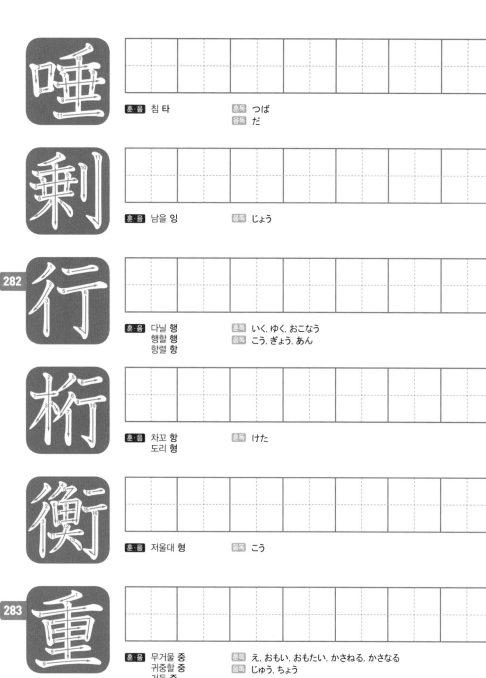

唾

훈·음 침 타

훈독 つば

음독 だ

剰

훈·음 남을 잉

음독 じょう

282 行

훈·음 다닐 행
행할 행
항렬 항

훈독 いく, ゆく, おこなう

음독 こう, ぎょう, あん

桁

훈·음 차꼬 항
도리 형

훈독 けた

衡

훈·음 저울대 형

음독 こう

283 重

훈·음 무거울 중
귀중할 중
거듭 중

훈독 え, おもい, おもたい, かさねる, かさなる

음독 じゅう, ちょう

腫

훈·음 부스럼 종

훈독 はれる, はらす

음독 しゅ

衝

훈·음 부딪칠 충
찌를 충

음독 しょう

284 邦

훈·음 나라 방

음독 ほう

害

훈·음 해칠 해
방해할 해

음독 がい

轄

훈·음 다스릴 할

음독 かつ

285 契

훈·음 맺을 계
부족 이름 글

훈독 ちぎる
음독 けい

喫

훈·음 마실 끽
먹을 끽
담배피울 끽

음독 きつ

286 峰

훈·음 산봉우리 봉

훈독 みね
음독 ほう

蜂

훈·음 벌 봉
훈독 はち
음독 ほう

逢

훈·음 만날 봉
음독 ほう

縫

훈·음 꿰맬 봉
훈독 ぬう
음독 ほう

287 奉

훈·음 받들 봉
훈독 たてまつる
음독 ほう, ぶ

俸

훈·음 봉급 봉
음독 ほう

288 羊

훈·음 양 양
훈독 ひつじ
음독 よう

祥

훈·음 상서로울 상
조짐 상
음독 しょう

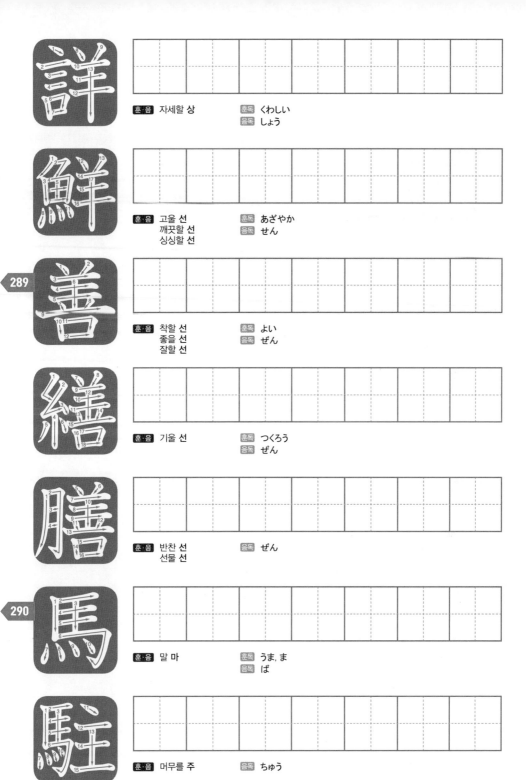

詳

훈·음 자세할 상

훈독 くわしい
음독 しょう

鮮

훈·음 고울 선
깨끗할 선
싱싱할 선

훈독 あざやか
음독 せん

289

善

훈·음 착할 선
좋을 선
잘할 선

훈독 よい
음독 ぜん

繕

훈·음 기울 선

훈독 つくろう
음독 ぜん

膳

훈·음 반찬 선
선물 선

음독 ぜん

290

馬

훈·음 말 마

훈독 うま, ま
음독 ば

駐

훈·음 머무를 주

음독 ちゅう

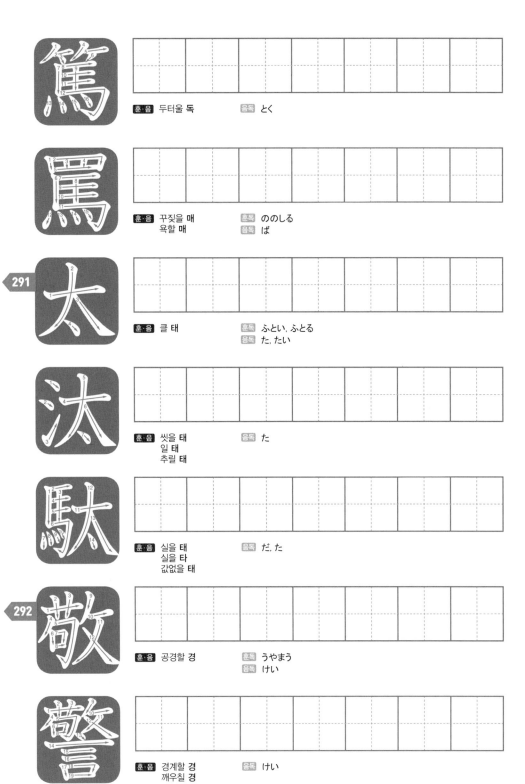

篤

훈·음 두터울 독

음독 とく

罵

훈·음 꾸짖을 매
욕할 매

훈독 ののしる
음독 ば

291 太

훈·음 클 태

훈독 ふとい, ふとる
음독 た, たい

汰

훈·음 씻을 태
일 태
추릴 태

음독 た

駄

훈·음 실을 태
실을 타
값없을 태

음독 だ, た

292 敬

훈·음 공경할 경

훈독 うやまう
음독 けい

警

훈·음 경계할 경
깨우칠 경

음독 けい

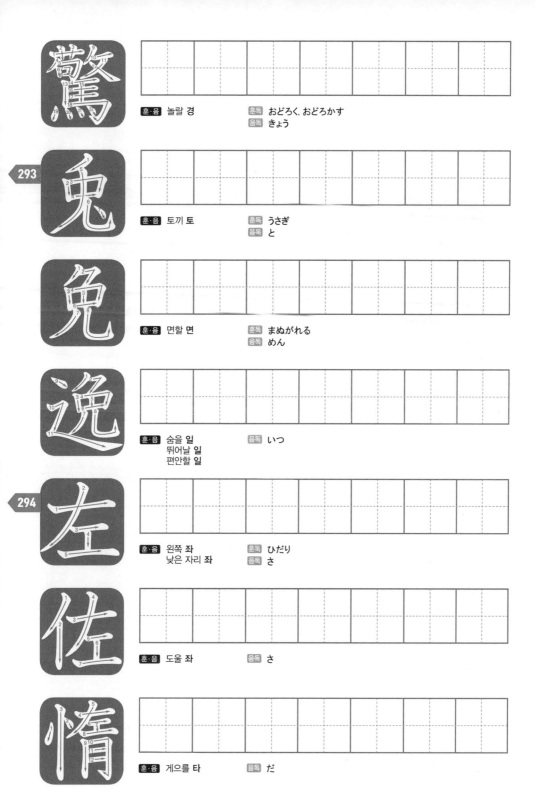

驚

훈·음 놀랄 경

훈독 おどろく, おどろかす
음독 きょう

293 兎

훈·음 토끼 토

훈독 うさぎ
음독 と

免

훈·음 면할 면

훈독 まぬがれる
음독 めん

逸

훈·음 숨을 일
뛰어날 일
편안할 일

음독 いつ

294 左

훈·음 왼쪽 좌
낮은 자리 좌

훈독 ひだり
음독 さ

佐

훈·음 도울 좌

음독 さ

惰

훈·음 게으를 타

음독 だ

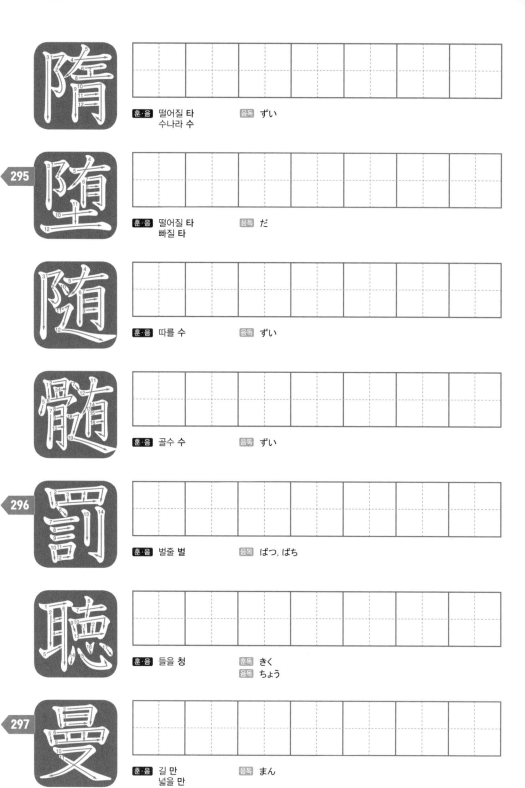

隋

훈·음 떨어질 타
수나라 수

음독 ずい

295 墮

훈·음 떨어질 타
빠질 타

음독 だ

隨

훈·음 따를 수

음독 ずい

髓

훈·음 골수 수

음독 ずい

296 罰

훈·음 벌줄 벌

음독 ばつ, ばち

聴

훈·음 들을 청

훈독 きく
음독 ちょう

297 曼

훈·음 길 만
넓을 만

음독 まん

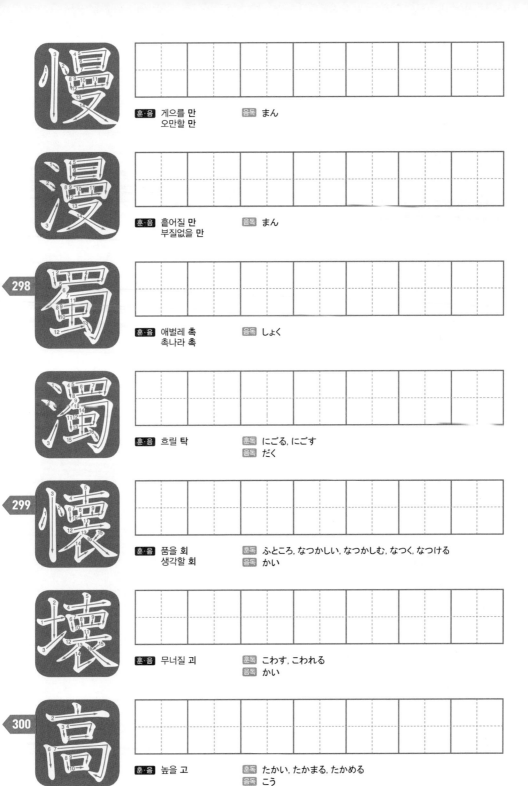

慢

훈·음 게으를 만
오만할 만

음독 まん

漫

훈·음 흩어질 만
부질없을 만

음독 まん

298

蜀

훈·음 애벌레 촉
촉나라 촉

음독 しょく

濁

훈·음 흐릴 탁

훈독 にごる, にごす
음독 だく

299

懷

훈·음 품을 회
생각할 회

훈독 ふところ, なつかしい, なつかしむ, なつく, なつける
음독 かい

壞

훈·음 무너질 괴

훈독 こわす, こわれる
음독 かい

300

高

훈·음 높을 고

훈독 たかい, たかまる, たかめる
음독 こう

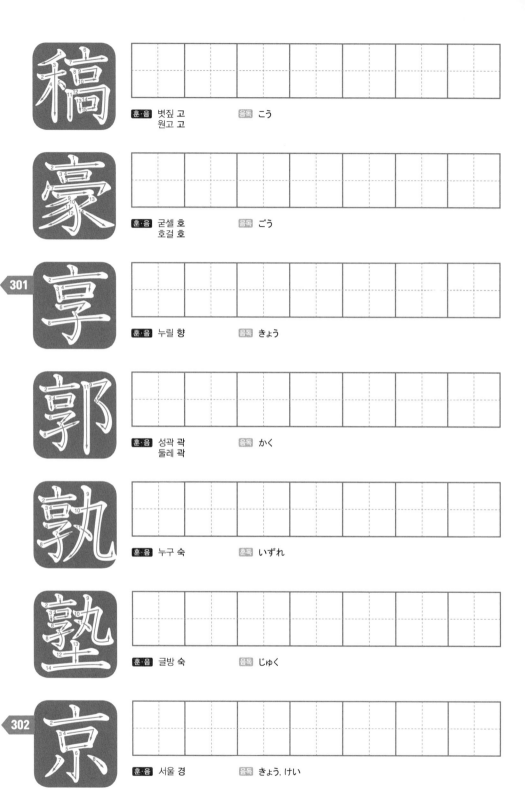

稿

훈·음 볏짚 고
원고 고

음독 こう

豪

훈·음 굳셀 호
호걸 호

음독 ごう

301

享

훈·음 누릴 향

음독 きょう

郭

훈·음 성곽 곽
둘레 곽

음독 かく

孰

훈·음 누구 숙

훈독 いずれ

塾

훈·음 글방 숙

음독 じゅく

302

京

훈·음 서울 경

음독 きょう, けい

鯨

훈·음 고래 경

훈독 くじら
음독 げい

涼

훈·음 서늘할 량

훈독 すずしい, すずむ
음독 りょう

303 景

훈·음 볕 경
경치 경
클 경

음독 けい

憬

훈·음 동경할 경

음독 けい

影

훈·음 그림자 영

훈독 かげ
음독 えい

304 丁

훈·음 고무래 정, 못 정
장정 정, 넷째 천간 정

음독 ちょう, てい

訂

훈·음 바로잡을 정

음독 てい

亭

훈·음 정자 **정**

음독 てい

寧

훈·음 어찌 **녕**, 편안할 **녕**
차라리 **녕**, 공손할 **녕**

음독 ねい

305 可

훈·음 옳을 **가**
가히 **가**
허락할 **가**

음독 か

苛

훈·음 가혹할 **가**

훈독 いじめる, いらだつ, さいなむ

음독 か

306 奇

훈·음 기이할 **기**
홀수 **기**

음독 き

埼

훈·음 갑 **기**

훈독 さい

崎

훈·음 험할 **기**
갑 **기**
곶 **기**

훈독 さき

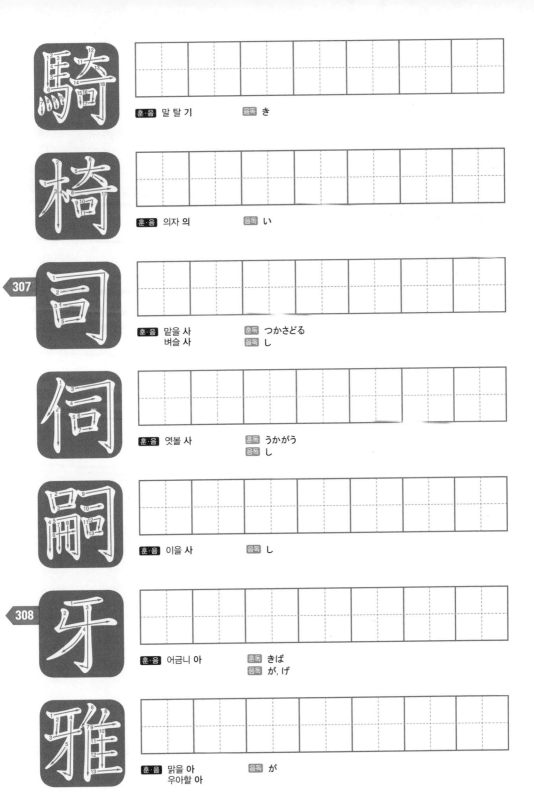

騎

훈·음 말 탈 기

음독 き

椅

훈·음 의자 의

음독 い

307

司

훈·음 맡을 사
벼슬 사

훈독 つかさどる
음독 し

伺

훈·음 엿볼 사

훈독 うかがう
음독 し

嗣

훈·음 이을 사

음독 し

308

牙

훈·음 어금니 아

훈독 きば
음독 が, げ

雅

훈·음 맑을 아
우아할 아

음독 が

邪

훈·음 간사할 사

음독 じゃ

309 尤

훈·음 더욱 우
허물 우

음독 ゆう

稽

훈·음 상고할 계

음독 けい

就

훈·음 나아갈 취
이룰 취

훈독 つく, つける

음독 しゅう, じゅ

蹴

훈·음 찰 축

훈독 ける

음독 しゅう

310 呉

훈·음 큰소리칠 화
오나라 오

훈독 くれる

음독 ご

娯

훈·음 즐거워할 오

음독 ご

虞

훈·음 염려할 우

훈독 おそれ

음독 ぐ

311

夭

훈·음 젊을 요
예쁠 요
일찍 죽을 요

음독 よう

妖

훈·음 아리따울 요
요망할 요

훈독 あやしい

음독 よう

沃

훈·음 기름질 옥

음독 よく, よう

添

훈·음 더할 첨

훈독 そえる, そう

음독 てん

312

喬

훈·음 높을 교

음독 きょう

矯

훈·음 바로잡을 교

훈독 ためる

음독 きょう

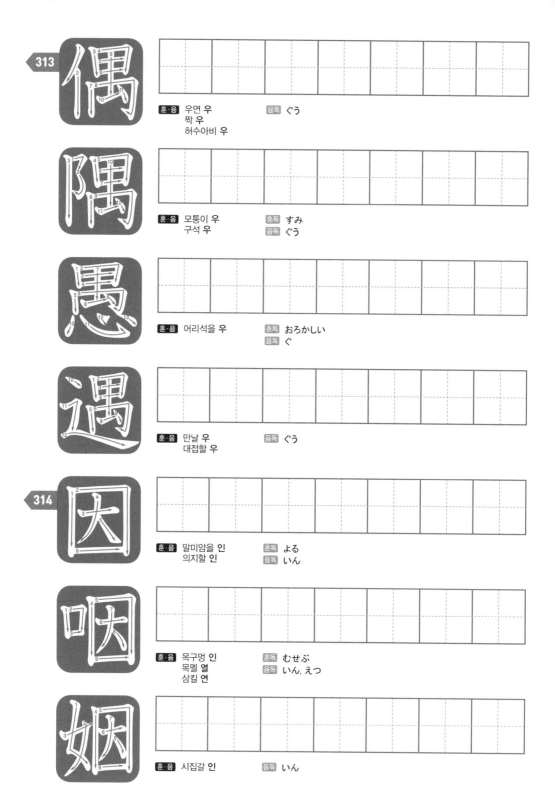

313 偶

훈·음 우연 우
짝 우
허수아비 우

음독 ぐう

隅

훈·음 모퉁이 우
구석 우

훈독 すみ
음독 ぐう

愚

훈·음 어리석을 우

훈독 おろかしい
음독 ぐ

遇

훈·음 만날 우
대접할 우

음독 ぐう

314 因

훈·음 말미암을 인
의지할 인

훈독 よる
음독 いん

咽

훈·음 목구멍 인
목멜 열
삼킬 연

훈독 むせぶ
음독 いん, えつ

姻

훈·음 시집갈 인

음독 いん

315 囚

훈·음 죄인 수

훈독 とらわれる
음독 しゅう

菌

훈·음 버섯 균
세균 균

음독 きん

316 毛

훈·음 털 모

훈독 け, げ
음독 もう

耗

훈·음 줄어들 모

음독 もう, こう

尾

훈·음 꼬리 미
끝 미

훈독 お
음독 び

317 寸

훈·음 마디 촌
법도 촌

음독 すん

守

훈·음 지킬 수

훈독 まもる, もり
음독 しゅ, す

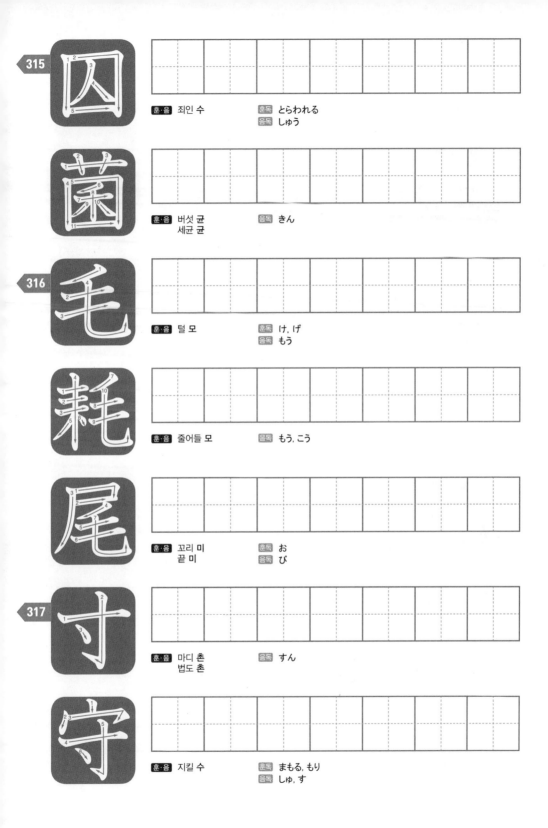

狩

훈·음 사냥할 수

훈독 かる, がり
음독 しゅ

318 寺

훈·음 절 사
관청 시

훈독 てら
음독 じ

侍

훈·음 모실 시

훈독 さむらい
음독 じ

319 寿

훈·음 목숨 수
나이 수
장수할 수

훈독 ことぶき
음독 じゅ

鋳

훈·음 쇠 부어 만들 주

훈독 いる
음독 ちゅう

320 付

훈·음 줄 부
부탁할 부

훈독 つける
음독 ふ

附

훈·음 붙을 부
가까이 할 부

음독 ふ

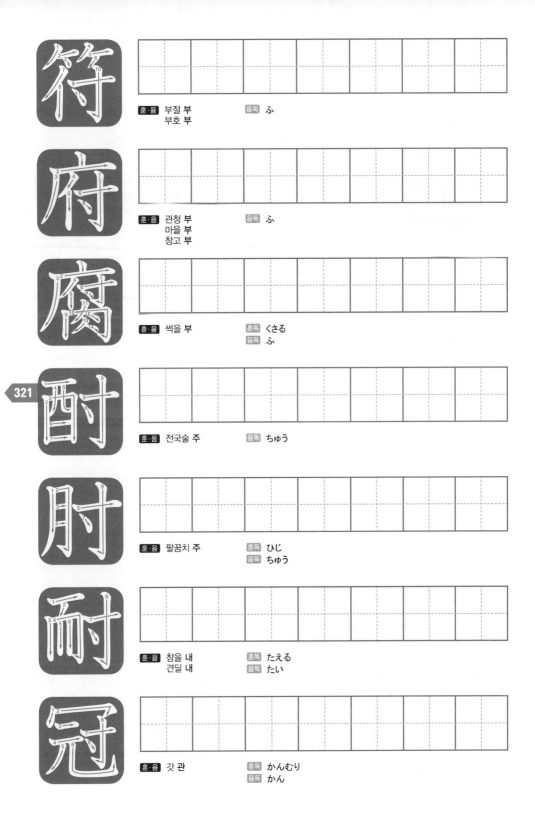

符

훈·음 부절 부
부호 부

음독 ふ

府

훈·음 관청 부
마을 부
창고 부

음독 ふ

腐

훈·음 썩을 부

훈독 くさる
음독 ふ

321

酎

훈·음 전국술 주

음독 ちゅう

肘

훈·음 팔꿈치 주

훈독 ひじ
음독 ちゅう

耐

훈·음 참을 내
견딜 내

훈독 たえる
음독 たい

冠

훈·음 갓 관

훈독 かんむり
음독 かん

322

又

훈·음 오른손 우 훈독 また
또 우 음독 ゆう

叙

훈·음 펼 서 음독 じょ
베풀 서

双

훈·음 둘 쌍 훈독 ふた
 음독 そう

桑

훈·음 뽕나무 상 훈독 くわ
 음독 そう

323

如

훈·음 같을 여 음독 じょ, にょ

恕

훈·음 용서할 서 음독 じょ

奴

훈·음 종 노 훈독 やつ
남을 흉하게 음독 ど
부르는 접미사 노

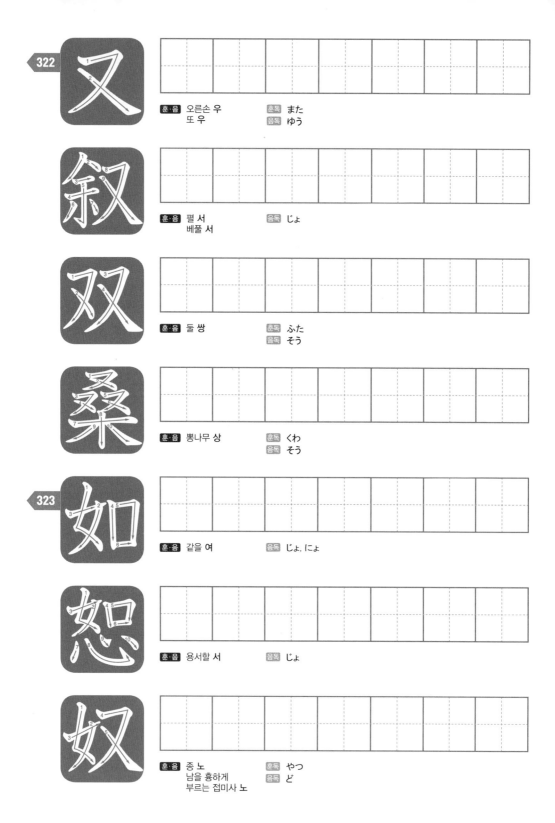

怒

훈·음 성낼 노

훈독 いかる, おこる
음독 ど

324 叔

훈·음 작은아버지 숙
아저씨 숙

음독 しゅく

淑

훈·음 맑을 숙

훈독 しとやか
음독 しゅく

寂

훈·음 고요할 적

훈독 さびしい, さびれる
음독 じゃく, せき

督

훈·음 감독할 독

음독 とく

325 取

훈·음 취할 취
가질 취

훈독 とる
음독 しゅ

趣

훈·음 재미 취
취미 취

훈독 おもむき
음독 しゅ

最

훈·음 가장 최

훈독 もっとも
음독 さい

撮

훈·음 취할 촬
사진 찍을 촬

훈독 とる
음독 さつ

326

餌

훈·음 먹이 이
미끼 이

훈독 えさ, え
음독 じ

恥

훈·음 부끄러울 치

훈독 はじる, はじらう, はずかしい
음독 ち

摂

훈·음 끌어당길 섭
알맞게 할 섭

음독 せつ

327

怪

훈·음 괴이할 괴

훈독 あやしい, あやしむ
음독 かい, け

茎

훈·음 줄기 경

훈독 くき
음독 けい

328 蚤

훈음 벼룩 조

훈독 のみ

騒

훈음 시끄러울 소
글 지을 소

훈독 さわぐ, さわがしい
음독 そう

329 友

훈음 벗 우

훈독 とも
음독 ゆう

抜

훈음 뽑을 발

훈독 ぬく, ぬける, ぬかす, ぬかる
음독 ばつ

髪

훈음 머리털 발

훈독 かみ
음독 はつ

330 反

훈음 거꾸로 반
뒤집을 반

훈독 そる, そらす
음독 はん, ほん, たん

阪

훈음 비탈 판

훈독 さか
음독 はん

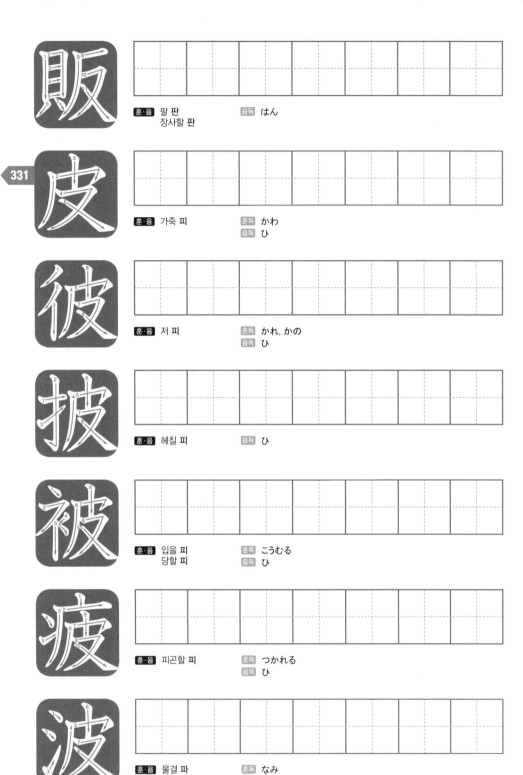

販

훈·음 팔 판
장사할 판

음독 はん

331

皮

훈·음 가죽 피

훈독 かわ
음독 ひ

彼

훈·음 저 피

훈독 かれ, かの
음독 ひ

披

훈·음 헤칠 피

음독 ひ

被

훈·음 입을 피
당할 피

훈독 こうむる
음독 ひ

疲

훈·음 피곤할 피

훈독 つかれる
음독 ひ

波

훈·음 물결 파

훈독 なみ
음독 は

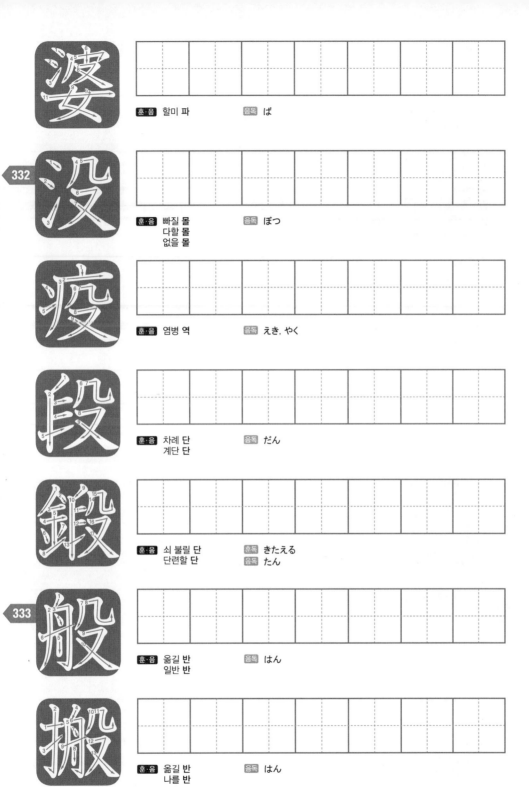

婆

훈·음 할미 파

음독 ば

332 沒

훈·음 빠질 몰
다할 몰
없을 몰

음독 ぼつ

疫

훈·음 염병 역

음독 えき, やく

段

훈·음 차례 단
계단 단

음독 だん

鍛

훈·음 쇠 불릴 단
단련할 단

훈독 きたえる
음독 たん

333 般

훈·음 옮길 반
일반 반

음독 はん

搬

훈·음 옮길 반
나를 반

음독 はん

盤

훈·음 쟁반 **반**
음독 ばん

334 股

훈·음 넓적다리 **고**
훈독 もも, また
음독 こ

殻

훈·음 껍질 **각**
훈독 から
음독 かく

殿

훈·음 대궐 **전**
큰집 **전**
훈독 との, どの
음독 でん, てん

撃

훈·음 칠 **격**
훈독 うつ
음독 げき

335 粛

훈·음 엄숙할 **숙**
음독 しゅく

336 帚

훈·음 비 **추**
훈독 ほうき

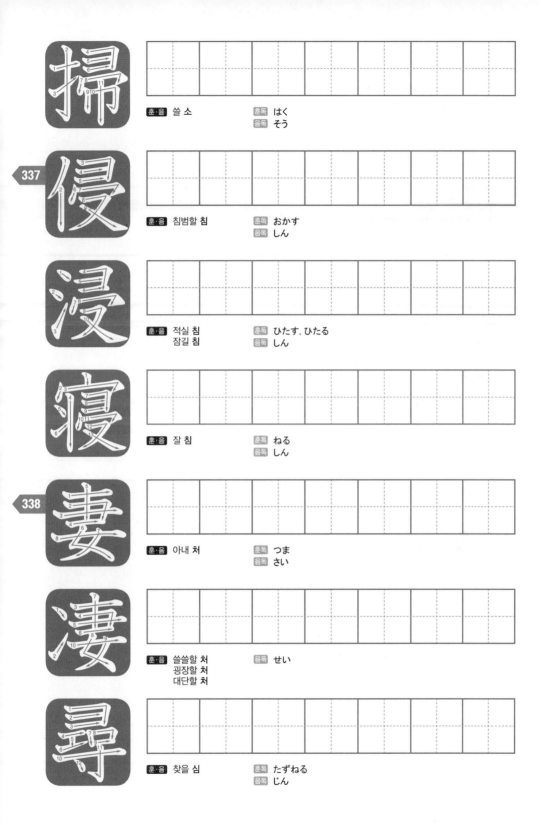

掃

훈·음 쓸 소

훈독 はく
음독 そう

337

侵

훈·음 침범할 침

훈독 おかす
음독 しん

浸

훈·음 적실 침
잠길 침

훈독 ひたす, ひたる
음독 しん

寝

훈·음 잘 침

훈독 ねる
음독 しん

338

妻

훈·음 아내 처

훈독 つま
음독 さい

凄

훈·음 쓸쓸할 처
굉장할 처
대단할 처

음독 せい

尋

훈·음 찾을 심

훈독 たずねる
음독 じん

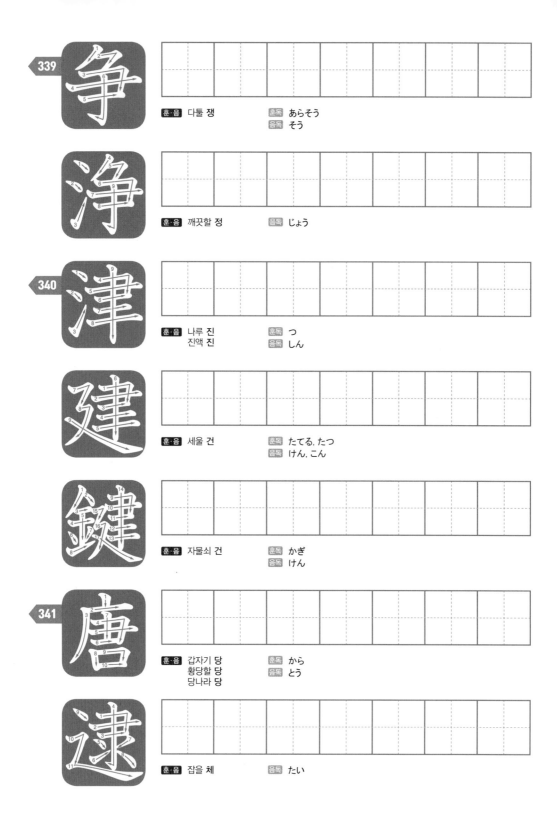

339

争

훈·음 다툴 쟁

훈독 あらそう
음독 そう

浄

훈·음 깨끗할 정

음독 じょう

340

津

훈·음 나루 진
진액 진

훈독 つ
음독 しん

建

훈·음 세울 건

훈독 たてる, たつ
음독 けん, こん

鍵

훈·음 자물쇠 건

훈독 かぎ
음독 けん

341

唐

훈·음 갑자기 당
황당할 당
당나라 당

훈독 から
음독 とう

逮

훈·음 잡을 체

음독 たい

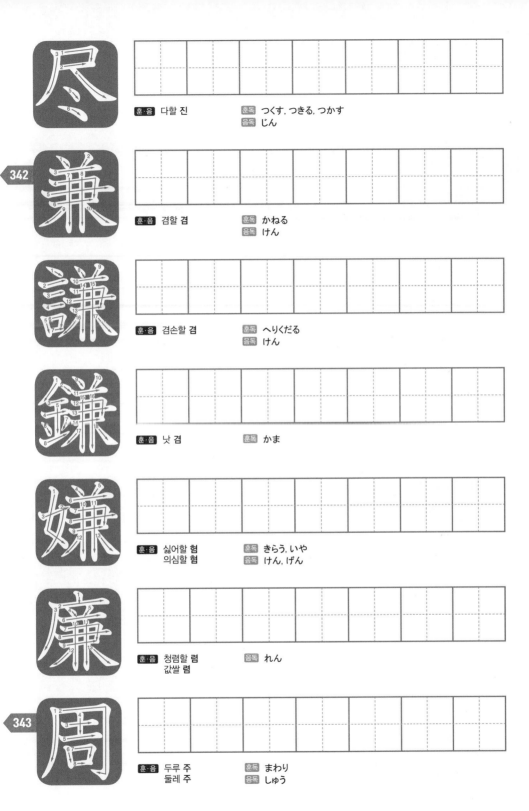

尽

훈·음 다할 진

훈독 つくす, つきる, つかす
음독 じん

342
兼

훈·음 겸할 겸

훈독 かねる
음독 けん

謙

훈·음 겸손할 겸

훈독 へりくだる
음독 けん

鎌

훈·음 낫 겸

훈독 かま

嫌

훈·음 싫어할 혐
의심할 혐

훈독 きらう, いや
음독 けん, げん

廉

훈·음 청렴할 렴
값쌀 렴

음독 れん

343
周

훈·음 두루 주
둘레 주

훈독 まわり
음독 しゅう

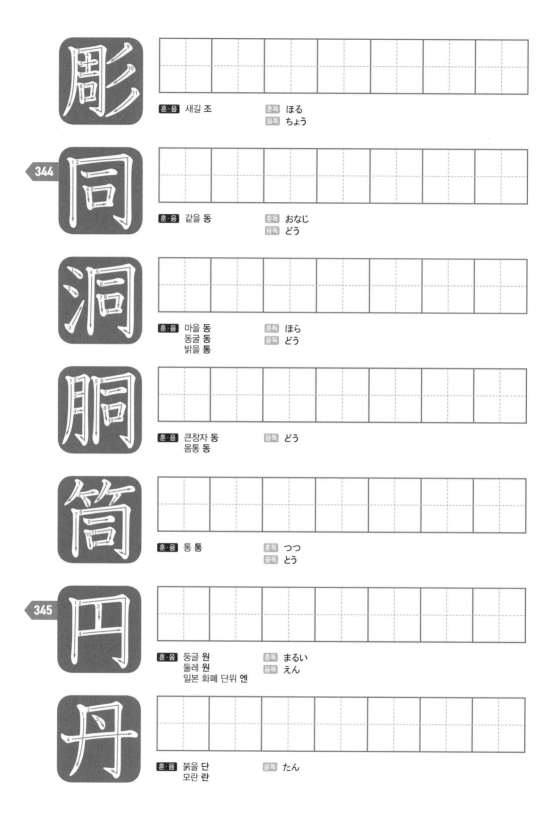

彫

훈·음 새길 조

훈독 ほる
음독 ちょう

344 同

훈·음 같을 동

훈독 おなじ
음독 どう

洞

훈·음 마을 동
동굴 동
밝을 통

훈독 ほら
음독 どう

胴

훈·음 큰창자 동
몸통 동

음독 どう

筒

훈·음 통 통

훈독 つつ
음독 とう

345 円

훈·음 둥글 원
둘레 원
일본 화폐 단위 엔

훈독 まるい
음독 えん

丹

훈·음 붉을 단
모란 란

음독 たん

舟

훈·음 배 주

훈독 ふね, ふな
음독 しゅう

346 喚

훈·음 부를 환

음독 かん

換

훈·음 바꿀 환

훈독 かえる, かわる
음독 かん

347 丙

훈·음 남쪽 병
밝을 병
셋째 천간 병

음독 へい

柄

훈·음 자루 병
권세 병

훈독 え, がら
음독 へい

348 用

훈·음 쓸 용

훈독 もちいる
음독 よう

庸

훈·음 떳떳할 용
어리석을 용

음독 よう

349 踊

훈·음 뛸 용
훈독 おどる
음독 よう

勇

훈·음 날랠 용
훈독 いさむ
음독 ゆう

湧

훈·음 샘솟을 용
끓어오를 용
훈독 わく
음독 ゆう

350 哺

훈·음 먹일 포
기를 포
음독 ほ

捕

훈·음 잡을 포
훈독 つかまえる, つかまる, とらわれる, とらえる, とる
음독 ほ

浦

훈·음 물가 포
훈독 うら

舗

훈·음 펼 포
가게 포
음독 ほ

351 敷

훈·음 펼 부

훈독 しく
음독 ふ

352 縛

훈·음 묶을 박

훈독 しばる
음독 ばく

薄

훈·음 엷을 박

훈독 うすい, うすめる, うすまる, うすらぐ, うすれる
음독 はく

簿

훈·음 장부 부

음독 ぼ

353 尚

훈·음 오히려 상
높을 상
숭상할 상

훈독 なお
음독 しょう

掌

훈·음 손바닥 장

음독 しょう

賞

훈·음 상줄 상
구경할 상

음독 しょう

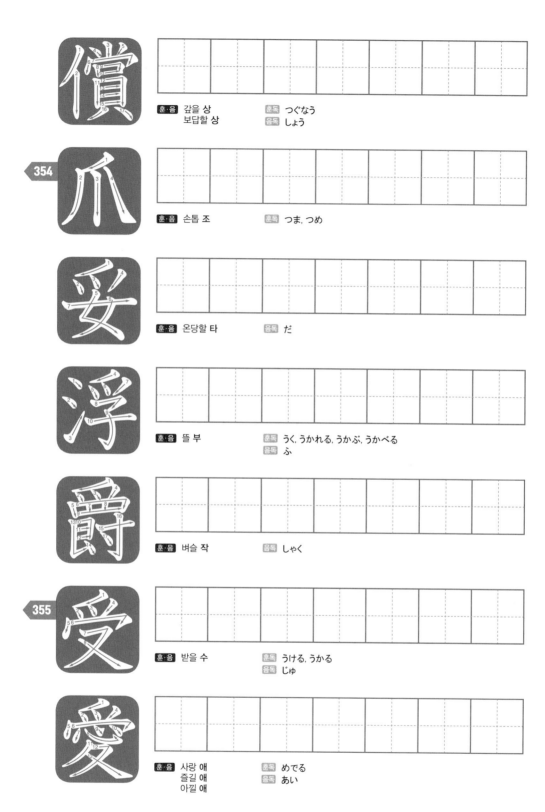

償

훈·음 갚을 상
보답할 상

훈독 つぐなう
음독 しょう

354 爪

훈·음 손톱 조

훈독 つま, つめ

妥

훈·음 온당할 타

음독 だ

浮

훈·음 뜰 부

훈독 うく, うかれる, うかぶ, うかべる
음독 ふ

爵

훈·음 벼슬 작

음독 しゃく

355 受

훈·음 받을 수

훈독 うける, うかる
음독 じゅ

愛

훈·음 사랑 애
즐길 애
아낄 애

훈독 めでる
음독 あい

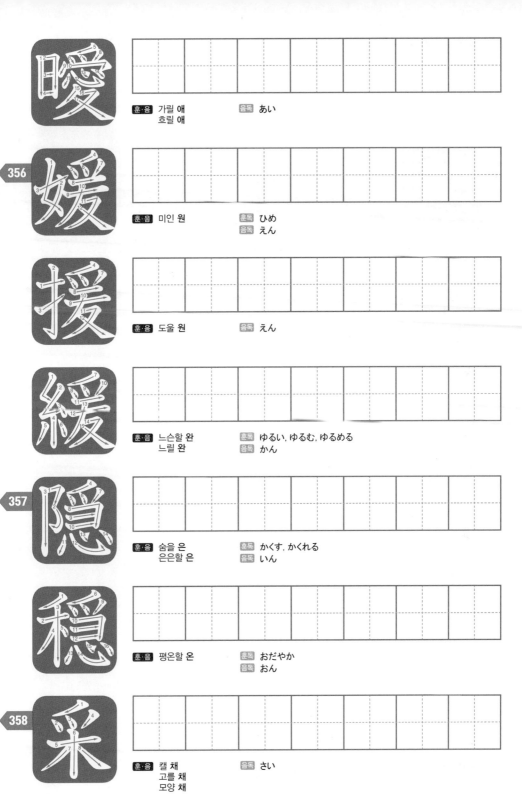

曖

훈·음 가릴 애
흐릴 애

음독 あい

356 媛

훈·음 미인 원

훈독 ひめ
음독 えん

援

훈·음 도울 원

음독 えん

緩

훈·음 느슨할 완
느릴 완

훈독 ゆるい, ゆるむ, ゆるめる
음독 かん

357 隠

훈·음 숨을 은
은은할 은

훈독 かくす, かくれる
음독 いん

穏

훈·음 평온할 온

훈독 おだやか
음독 おん

358 采

훈·음 캘 채
고를 채
모양 채

음독 さい

彩

훈·음 빛날 채
무늬 채

훈독 いろどる
음독 さい

359 為

훈·음 할 위
위할 위

음독 い

偽

훈·음 거짓 위

훈독 いつわる, にせ
음독 ぎ

360 瓜

훈·음 오이 과

훈독 うり
음독 か

孤

훈·음 외로울 고
부모 없을 고

음독 こ

弧

훈·음 굽은 활 호
굽을 호

음독 こ

361 巨

훈·음 클 거

음독 きょ

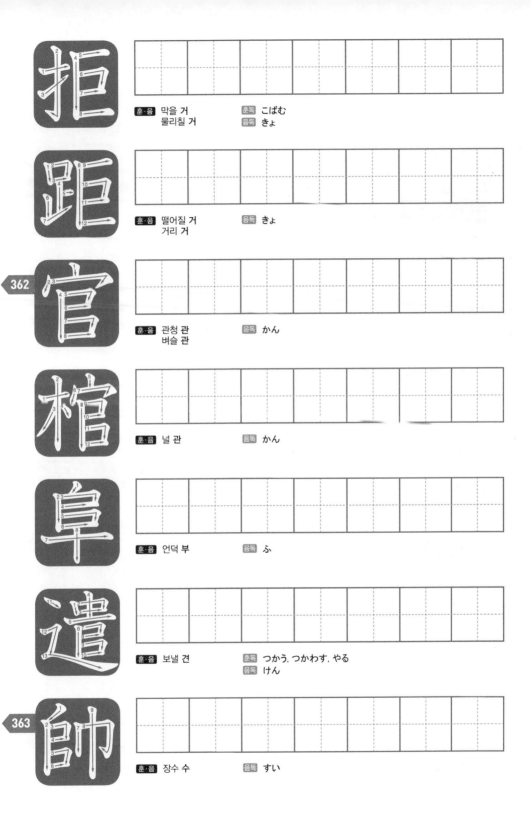

拒

훈·음 막을 거
물리칠 거

훈독 こばむ
음독 きょ

距

훈·음 떨어질 거
거리 거

음독 きょ

362 官

훈·음 관청 관
벼슬 관

음독 かん

棺

훈·음 널 관

음독 かん

阜

훈·음 언덕 부

음독 ふ

遣

훈·음 보낼 견

훈독 つかう, つかわす, やる
음독 けん

363 帥

훈·음 장수 수

음독 すい

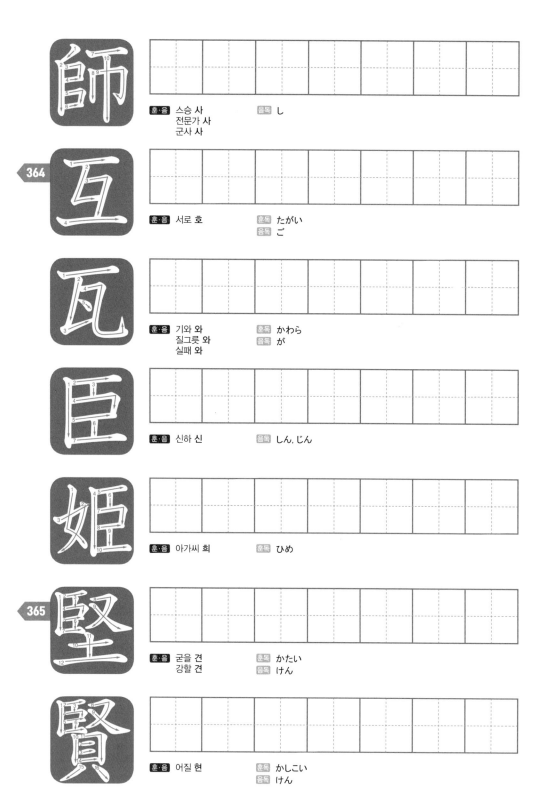

師

훈·음 스승 사
전문가 사
군사 사

음독 し

364 互

훈·음 서로 호

훈독 たがい
음독 ご

瓦

훈·음 기와 와
질그릇 와
실패 와

훈독 かわら
음독 が

臣

훈·음 신하 신

음독 しん, じん

姫

훈·음 아가씨 희

훈독 ひめ

365 堅

훈·음 굳을 견
강할 견

훈독 かたい
음독 けん

賢

훈·음 어질 현

훈독 かしこい
음독 けん

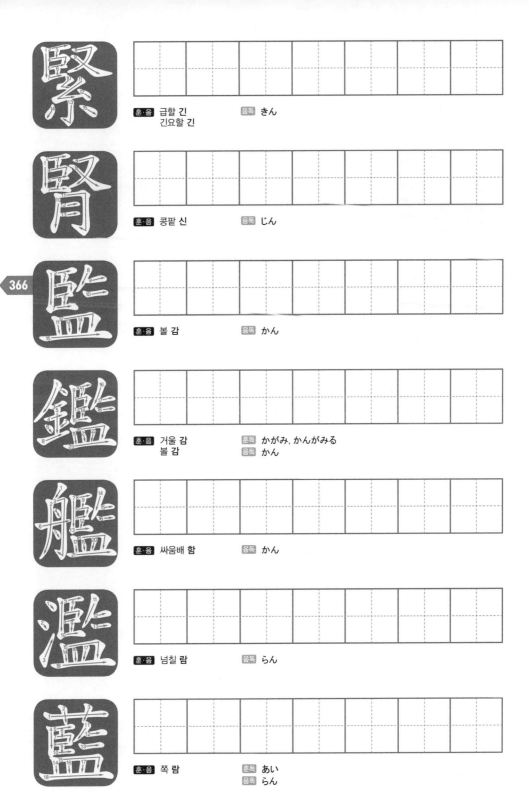

緊

훈·음 급할 긴
긴요할 긴

음독 きん

腎

훈·음 콩팥 신

음독 じん

366

監

훈·음 볼 감

음독 かん

鑑

훈·음 거울 감
볼 감

훈독 かがみ, かんがみる
음독 かん

艦

훈·음 싸움배 함

음독 かん

濫

훈·음 넘칠 람

음독 らん

藍

훈·음 쪽 람

훈독 あい
음독 らん

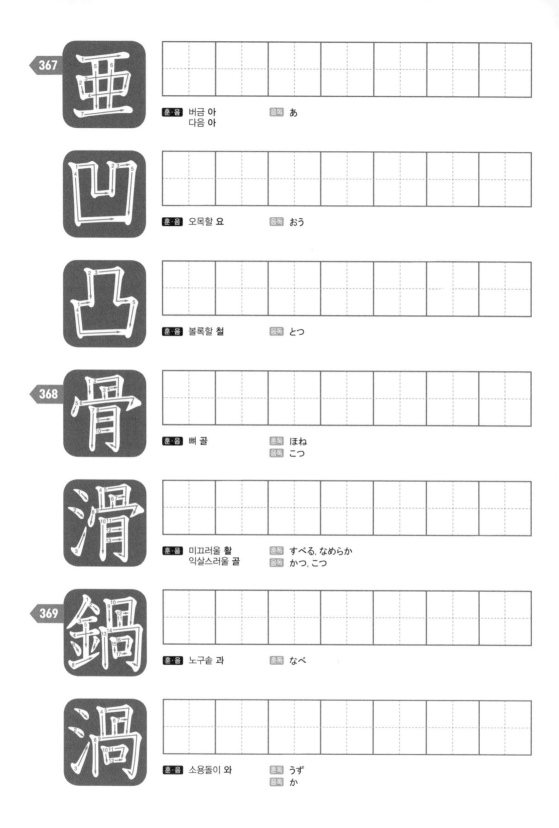

367 亜

훈·음 버금 아
다음 아

음독 あ

凹

훈·음 오목할 요

음독 おう

凸

훈·음 볼록할 철

음독 とつ

368 骨

훈·음 뼈 골

훈독 ほね
음독 こつ

滑

훈·음 미끄러울 활
익살스러울 골

훈독 すべる, なめらか
음독 かつ, こつ

369 鍋

훈·음 노구솥 과

훈독 なべ

渦

훈·음 소용돌이 와

훈독 うず
음독 か

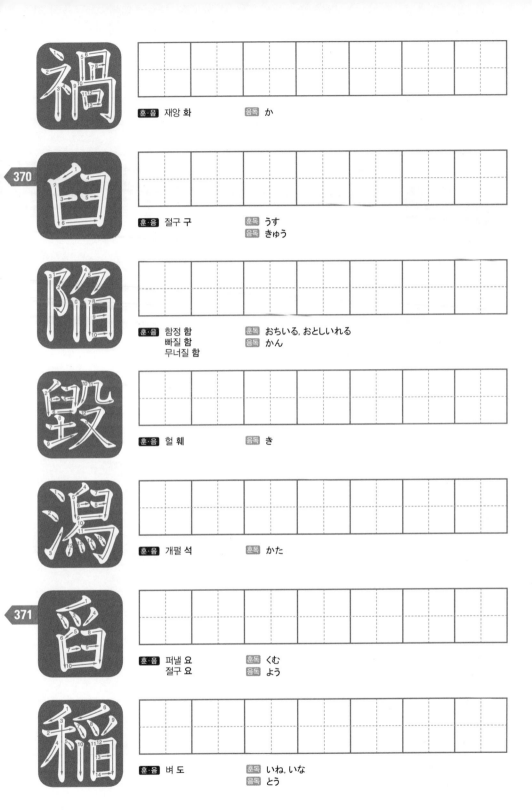

禍

훈·음 재앙 화

음독 か

370

臼

훈·음 절구 구

훈독 うす

음독 きゅう

陥

훈·음 함정 함
빠질 함
무너질 함

훈독 おちいる, おとしいれる

음독 かん

毀

훈·음 헐 훼

음독 き

潟

훈·음 개펄 석

훈독 かた

371

舀

훈·음 퍼낼 요
절구 요

훈독 くむ

음독 よう

稲

훈·음 벼 도

훈독 いね, いな

음독 とう

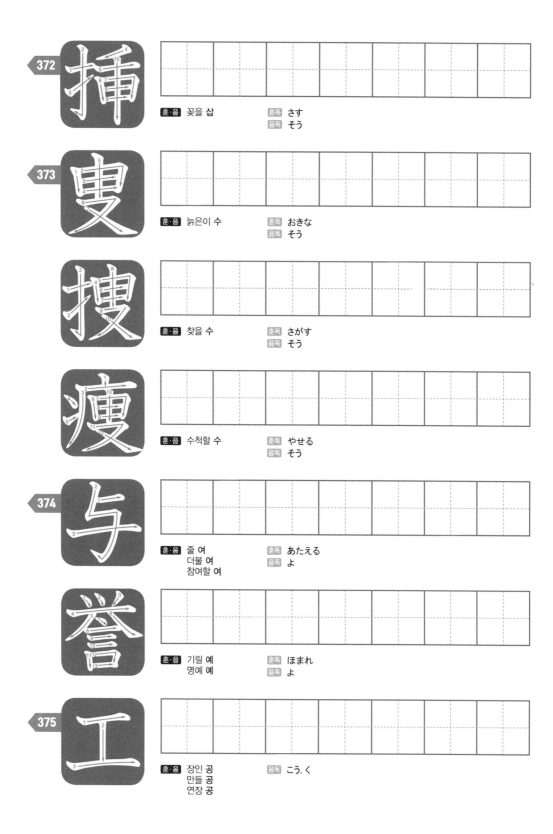

372

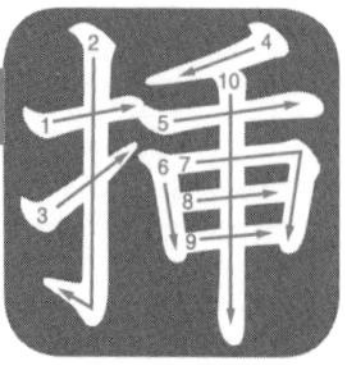

훈·음 꽂을 삽

훈독 さす
음독 そう

373

훈·음 늙은이 수

훈독 おきな
음독 そう

훈·음 찾을 수

훈독 さがす
음독 そう

훈·음 수척할 수

훈독 やせる
음독 そう

374

훈·음 줄 여
더불 여
참여할 여

훈독 あたえる
음독 よ

훈·음 기릴 예
명예 예

훈독 ほまれ
음독 よ

375

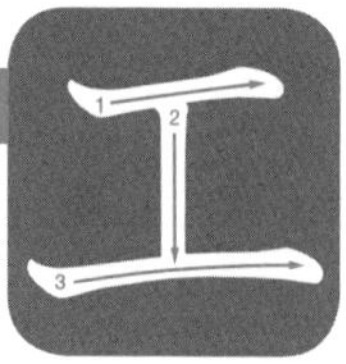

훈·음 장인 공
만들 공
연장 공

음독 こう, く

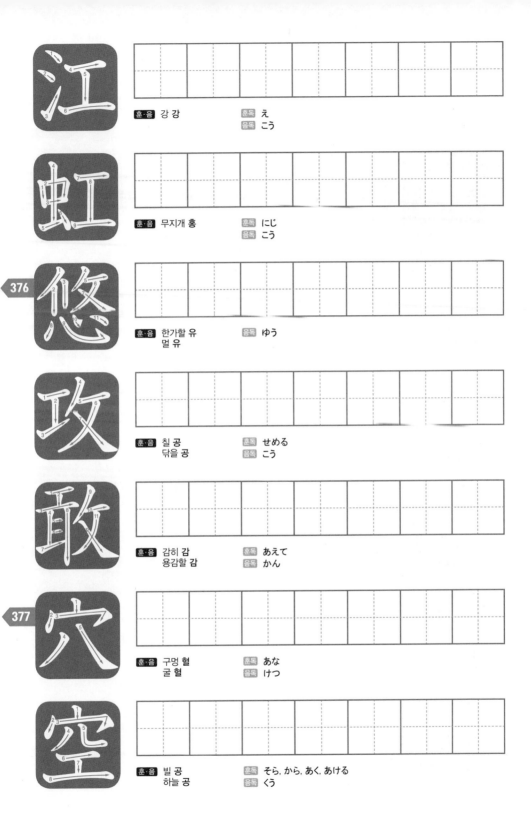

江

훈·음 강 강

훈독 え
음독 こう

虹

훈·음 무지개 홍

훈독 にじ
음독 こう

376 悠

훈·음 한가할 유
멀 유

음독 ゆう

攻

훈·음 칠 공
닦을 공

훈독 せめる
음독 こう

敢

훈·음 감히 감
용감할 감

훈독 あえて
음독 かん

377 穴

훈·음 구멍 혈
굴 혈

훈독 あな
음독 けつ

空

훈·음 빌 공
하늘 공

훈독 そら, から, あく, あける
음독 くう

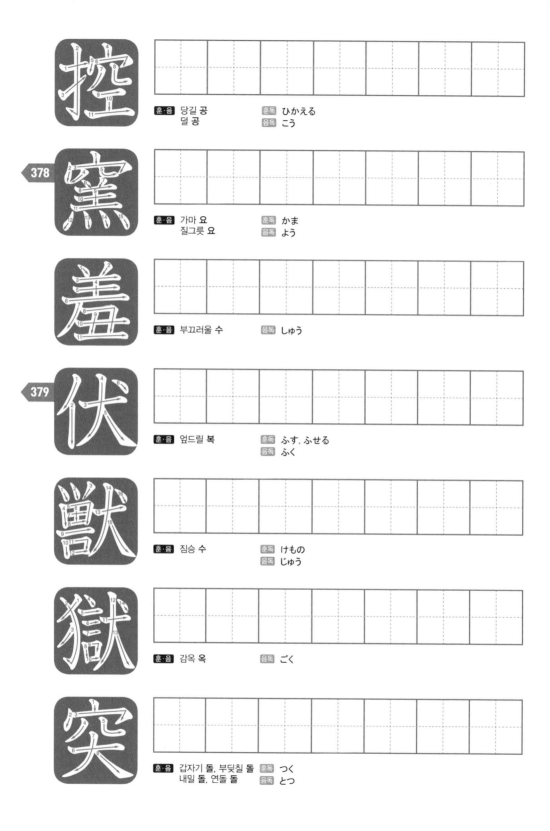

控

훈·음 당길 공
덜 공

훈독 ひかえる
음독 こう

378 窯

훈·음 가마 요
질그릇 요

훈독 かま
음독 よう

羞

훈·음 부끄러울 수

음독 しゅう

379 伏

훈·음 엎드릴 복

훈독 ふす, ふせる
음독 ふく

獣

훈·음 짐승 수

훈독 けもの
음독 じゅう

獄

훈·음 감옥 옥

음독 ごく

突

훈·음 갑자기 돌, 부딪칠 돌
내밀 돌, 연돌 돌

훈독 つく
음독 とつ

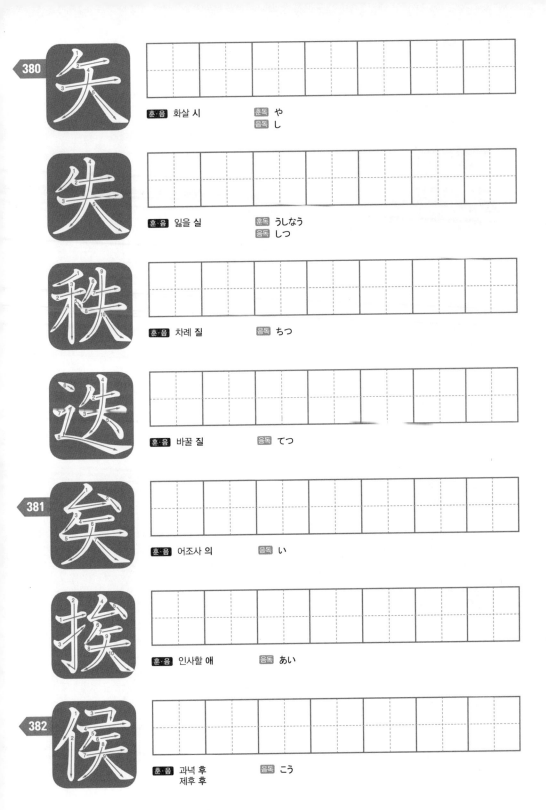

380 矢

훈·음 화살 시

훈독 や
음독 し

失

훈·음 잃을 실

훈독 うしなう
음독 しつ

秩

훈·음 차례 질

음독 ちつ

迭

훈·음 바꿀 질

음독 てつ

381 矣

훈·음 어조사 의

음독 い

挨

훈·음 인사할 애

음독 あい

382 侯

훈·음 과녁 후
제후 후

음독 こう

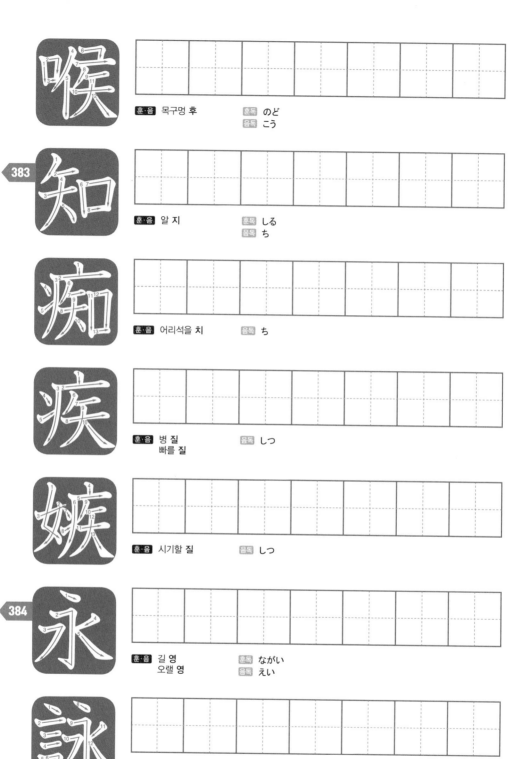

喉

훈·음 목구멍 후

훈독 のど
음독 こう

383

知

훈·음 알 지

훈독 しる
음독 ち

痴

훈·음 어리석을 치

음독 ち

疾

훈·음 병 질
빠를 질

음독 しつ

嫉

훈·음 시기할 질

음독 しつ

384

永

훈·음 길 영
오랠 영

훈독 ながい
음독 えい

詠

훈·음 읊을 영

훈독 よむ
음독 えい

385 沓

훈·음 신발 답

훈독 くつ
음독 とう

踏

훈·음 밟을 답

훈독 ふむ, ふまえる
음독 とう

386 雨

훈·음 비 우

훈독 あめ, あま
음독 う

雷

훈·음 천둥 뢰
우레 뢰

훈독 かみなり
음독 らい

雲

훈·음 구름 운

훈독 くも
음독 うん

曇

훈·음 흐릴 담

훈독 くもる
음독 どん

387 霜

훈·음 서리 상

훈독 しも
음독 そう

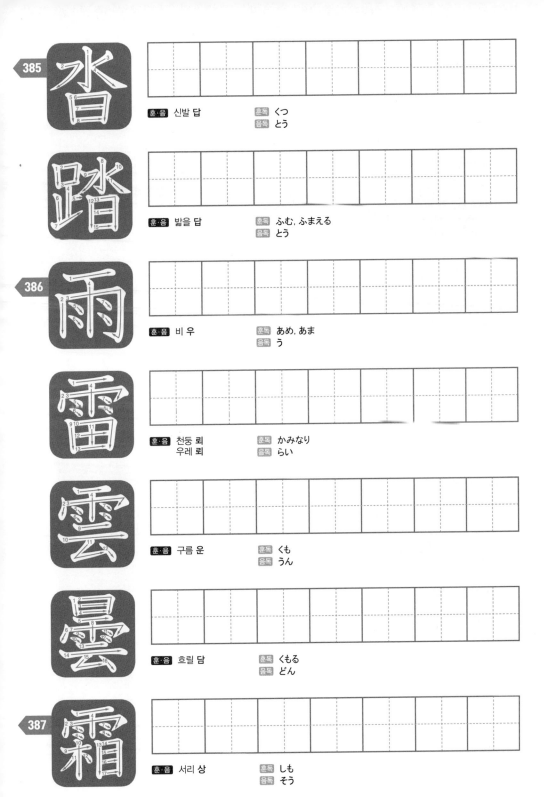

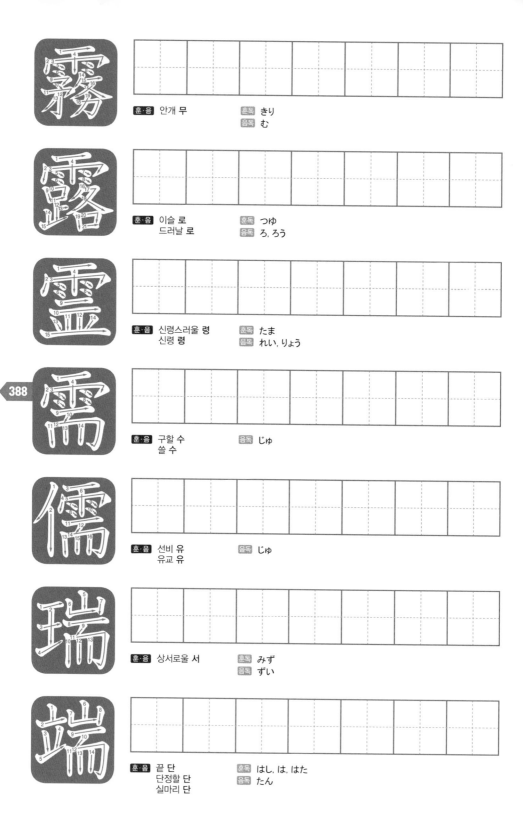

霧

훈·음 안개 무

훈독 きり
음독 む

露

훈·음 이슬 로
드러날 로

훈독 つゆ
음독 ろ, ろう

霊

훈·음 신령스러울 령
신령 령

훈독 たま
음독 れい, りょう

388 需

훈·음 구할 수
쓸 수

음독 じゅ

儒

훈·음 선비 유
유교 유

음독 じゅ

瑞

훈·음 상서로울 서

훈독 みず
음독 ずい

端

훈·음 끝 단
단정할 단
실마리 단

훈독 はし, は, はた
음독 たん

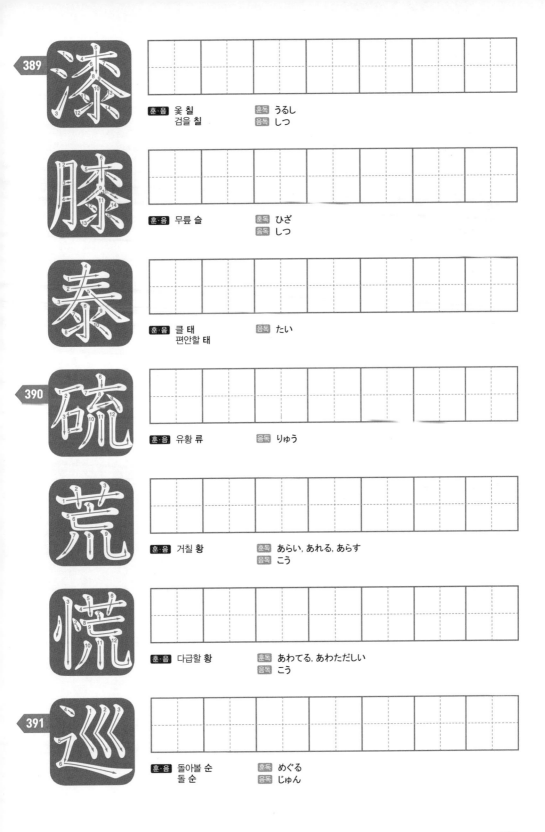

389

漆

훈·음 옻 칠
검을 칠

훈독 うるし
음독 しつ

膝

훈·음 무릎 슬

훈독 ひざ
음독 しつ

泰

훈·음 클 태
편안할 태

음독 たい

390

硫

훈·음 유황 류

음독 りゅう

荒

훈·음 거칠 황

훈독 あらい, あれる, あらす
음독 こう

慌

훈·음 다급할 황

훈독 あわてる, あわただしい
음독 こう

391

巡

훈·음 돌아볼 순
돌 순

훈독 めぐる
음독 じゅん

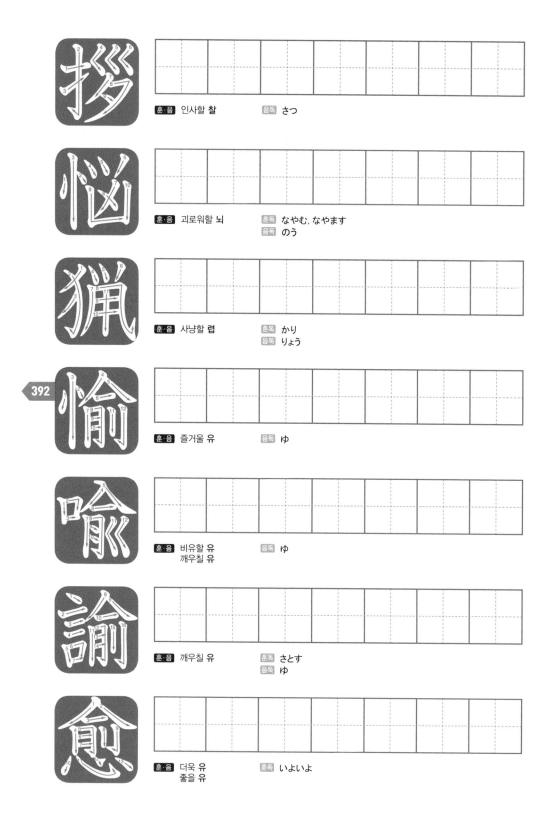

拶

훈·음 인사할 찰
음독 さつ

悩

훈·음 괴로워할 뇌
훈독 なやむ, なやます
음독 のう

猟

훈·음 사냥할 렵
훈독 かり
음독 りょう

392

愉

훈·음 즐거울 유
음독 ゆ

喩

훈·음 비유할 유
깨우칠 유
음독 ゆ

諭

훈·음 깨우칠 유
훈독 さとす
음독 ゆ

愈

훈·음 더욱 유
좋을 유
훈독 いよいよ

癒

훈·음 병 나을 유

훈독 いえる, いやす
음독 ゆ

393

炎

훈·음 더울 염
염증 염

훈독 ほのお
음독 えん

淡

훈·음 맑을 담
깨끗할 담

훈독 あわい
음독 たん

蛍

훈·음 반딧불 형

훈독 ほたる
음독 けい

394

前

훈·음 앞 전

훈독 まえ
음독 ぜん

煎

훈·음 달일 전

훈독 いる
음독 せん

395

跡

훈·음 발자국 적
자취 적

훈독 あと
음독 せき

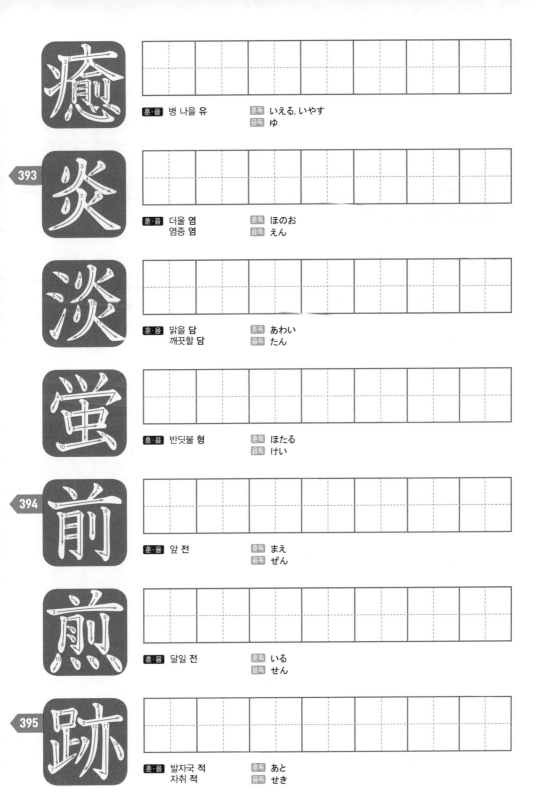

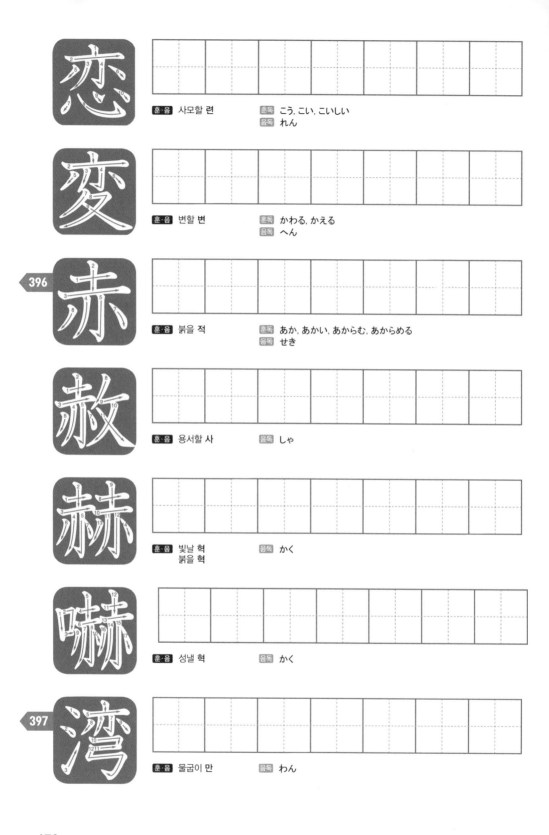

恋

훈·음 사모할 련

훈독 こう, こい, こいしい

음독 れん

変

훈·음 변할 변

훈독 かわる, かえる

음독 へん

396 赤

훈·음 붉을 적

훈독 あか, あかい, あからむ, あからめる

음독 せき

赦

훈·음 용서할 사

음독 しゃ

赫

훈·음 빛날 혁
붉을 혁

음독 かく

嚇

훈·음 성낼 혁

음독 かく

397 湾

훈·음 물굽이 만

음독 わん

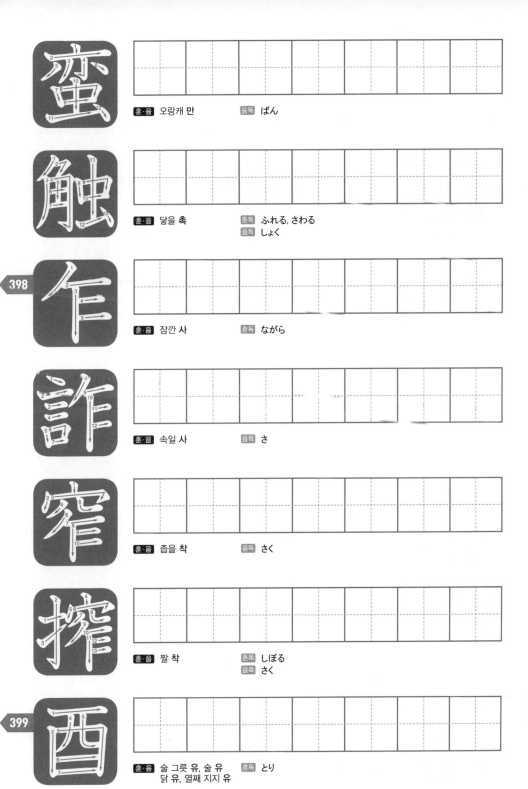

蛮

훈·음 오랑캐 만　　음독 ばん

触

훈·음 닿을 촉　　훈독 ふれる, さわる
음독 しょく

398 乍

훈·음 잠깐 사　　훈독 ながら

詐

훈·음 속일 사　　음독 さ

窄

훈·음 좁을 착　　음독 さく

搾

훈·음 짤 착　　훈독 しぼる
음독 さく

399 酉

훈·음 술 그릇 유, 술 유
닭 유, 열째 지지 유　　훈독 とり

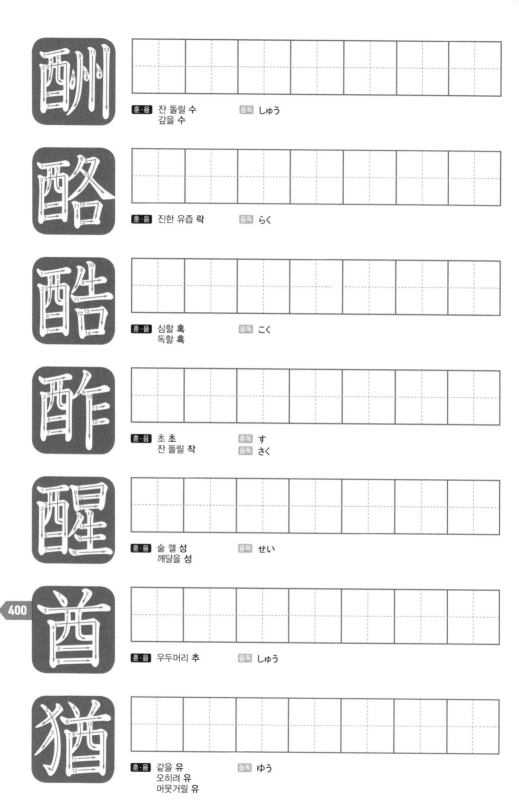

酬

훈·음 잔 돌릴 수
갚을 수

음독 しゅう

酪

훈·음 진한 유즙 락

음독 らく

酷

훈·음 심할 혹
독할 혹

음독 こく

酢

훈·음 초 초
잔 돌릴 작

훈독 す
음독 さく

醒

훈·음 술 깰 성
깨달을 성

음독 せい

400

酋

훈·음 우두머리 추

음독 しゅう

猶

훈·음 같을 유
오히려 유
머뭇거릴 유

음독 ゆう

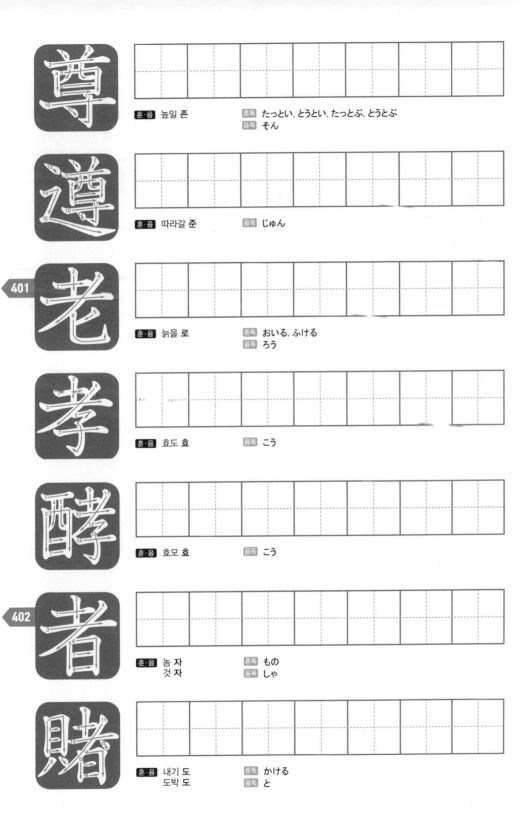

尊

훈·음 높일 존

훈독 たっとい, とうとい, たっとぶ, とうとぶ
음독 そん

導

훈·음 따라갈 준

음독 じゅん

401 老

훈·음 늙을 로

훈독 おいる, ふける
음독 ろう

孝

훈·음 효도 효

음독 こう

酵

훈·음 효모 효

음독 こう

402 者

훈·음 놈 자
것 자

훈독 もの
음독 しゃ

賭

훈·음 내기 도
도박 도

훈독 かける
음독 と

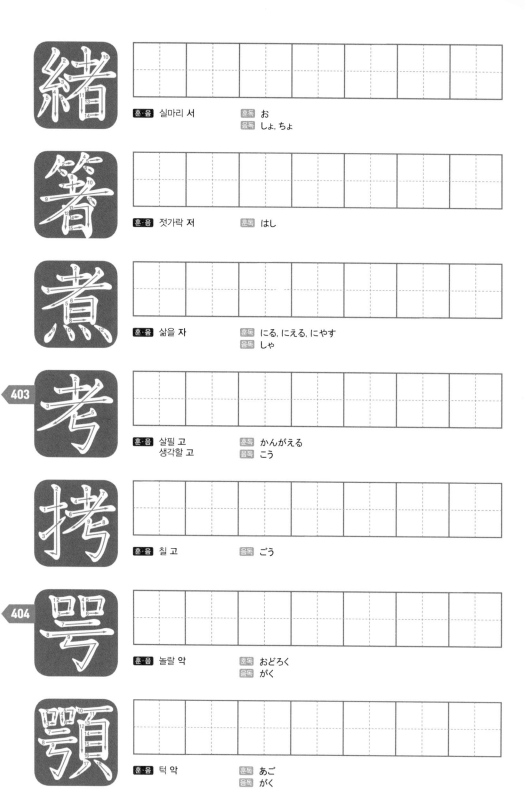

緒

훈·음 실마리 서

훈독 お
음독 しょ, ちょ

箸

훈·음 젓가락 저

훈독 はし

煮

훈·음 삶을 자

훈독 にる, にえる, にやす
음독 しゃ

403 考

훈·음 살필 고
생각할 고

훈독 かんがえる
음독 こう

拷

훈·음 칠 고

음독 ごう

404 咢

훈·음 놀랄 악

훈독 おどろく
음독 がく

顎

훈·음 턱 악

훈독 あご
음독 がく

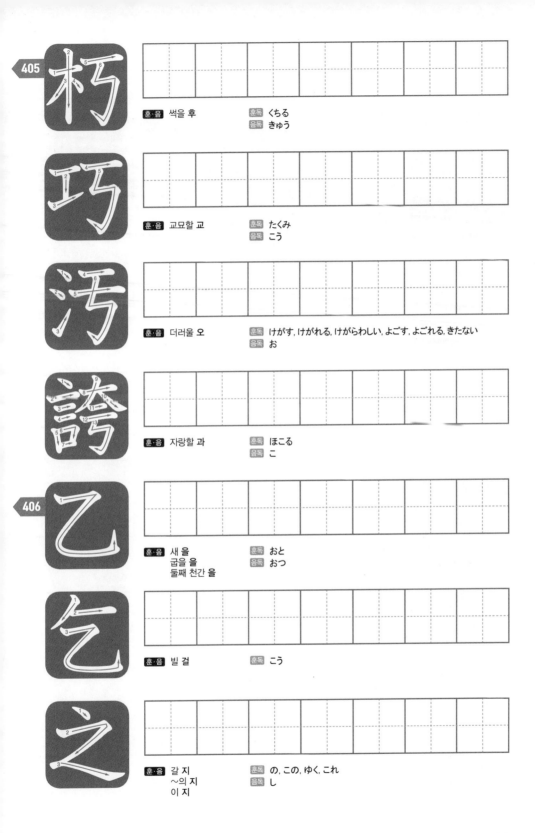

405

朽

훈·음 썩을 후

훈독 くちる

음독 きゅう

巧

훈·음 교묘할 교

훈독 たくみ

음독 こう

汚

훈·음 더러울 오

훈독 けがす, けがれる, けがらわしい, よごす, よごれる, きたない

음독 お

誇

훈·음 자랑할 과

훈독 ほこる

음독 こ

406

乙

훈·음 새 을
굽을 을
둘째 천간 을

훈독 おと

음독 おつ

乞

훈·음 빌 걸

훈독 こう

之

훈·음 갈 지
~의 지
이 지

훈독 の, この, ゆく, これ

음독 し

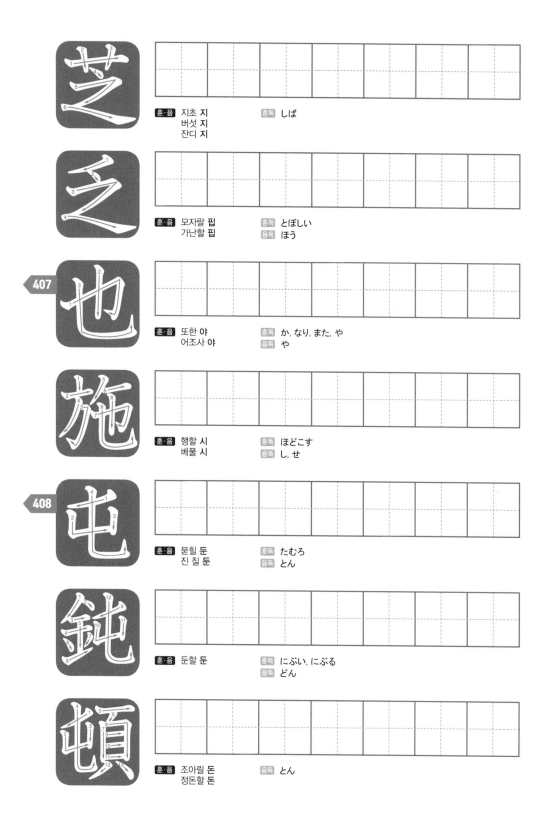

芝

훈·음 지초 지
버섯 지
잔디 지

훈독 しば

乏

훈·음 모자랄 핍
가난할 핍

훈독 とぼしい
음독 ほう

407
也

훈·음 또한 야
어조사 야

훈독 か, なり, また, や
음독 や

施

훈·음 행할 시
베풀 시

훈독 ほどこす
음독 し, せ

408
屯

훈·음 묻힐 둔
진 칠 둔

훈독 たむろ
음독 とん

鈍

훈·음 둔할 둔

훈독 にぶい, にぶる
음독 どん

頓

훈·음 조아릴 돈
정돈할 돈

음독 とん

409 朔

훈·음 초하루 삭
달 삭

음독 さく

塑

훈·음 흙 빚을 소

음독 そ

遡

훈·음 거스를 소

훈독 さかのぼる

음독 そ

410 吉

훈·음 길할 길
상서로울 길

음독 きち, きつ

詰

훈·음 물을 힐
따질 힐
막을 힐

훈독 つむ, つめる, つまる

음독 きつ

411 壱

훈·음 한 일

음독 いち

弐

훈·음 둘 이

음독 に

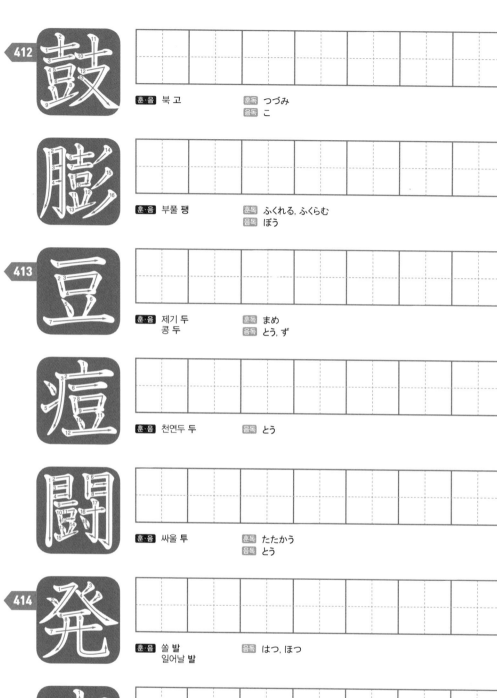

412

鼓

훈·음 북 고

훈독 つづみ

음독 こ

膨

훈·음 부풀 팽

훈독 ふくれる, ふくらむ

음독 ぼう

413

豆

훈·음 제기 두
콩 두

훈독 まめ

음독 とう, ず

痘

훈·음 천연두 두

음독 とう

闘

훈·음 싸울 투

훈독 たたかう

음독 とう

414

発

훈·음 쏠 발
일어날 발

음독 はつ, ほつ

廃

훈·음 부서질 폐
폐할 폐

훈독 すたれる, すたる

음독 はい

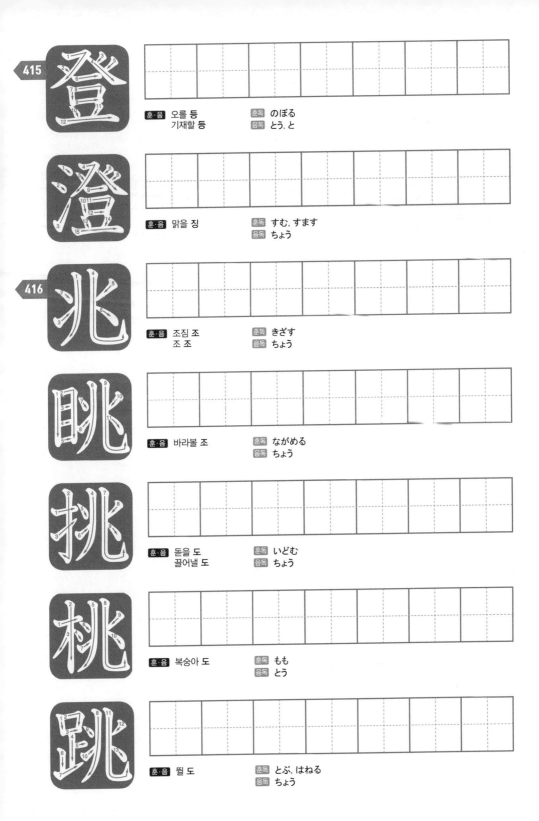

415 登

훈·음 오를 등
기재할 등

훈독 のぼる
음독 とう, と

澄

훈·음 맑을 징

훈독 すむ, すます
음독 ちょう

416 兆

훈·음 조짐 조
조 조

훈독 きざす
음독 ちょう

眺

훈·음 바라볼 조

훈독 ながめる
음독 ちょう

挑

훈·음 돋울 도
끌어낼 도

훈독 いどむ
음독 ちょう

桃

훈·음 복숭아 도

훈독 もも
음독 とう

跳

훈·음 뛸 도

훈독 とぶ, はねる
음독 ちょう

逃

훈·음 달아날 도

훈독 にげる, にがす, のがす, のがれる
음독 とう

417
非

훈·음 어긋날 비
아닐 비
나무랄 비

음독 ひ

排

훈·음 물리칠 배
배열할 배

음독 はい

輩

훈·음 무리 배

음독 はい

扉

훈·음 문짝 비
사립문 비

훈독 とびら
음독 ひ

418
誰

훈·음 누구 수

훈독 だれ

唯

훈·음 오직 유
대답할 유

음독 ゆい, い

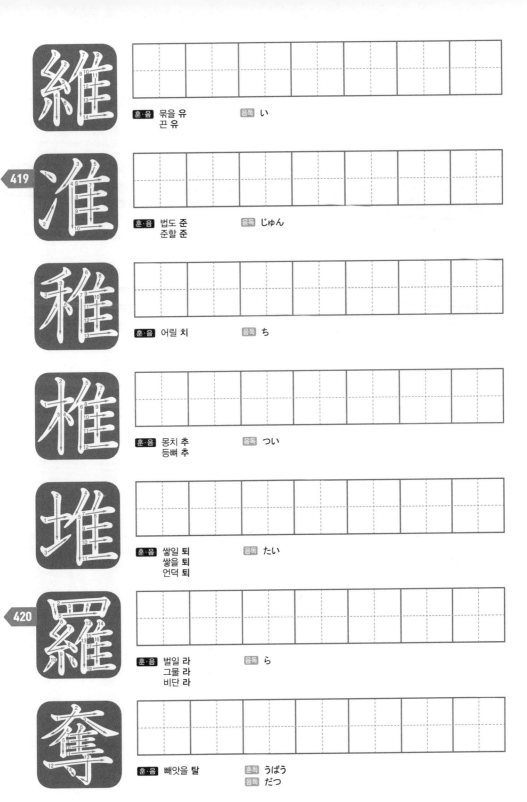

維

훈·음 묶을 **유**
끈 **유**

음독 い

419

准

훈·음 법도 **준**
준할 **준**

음독 じゅん

稚

훈·음 어릴 **치**

음독 ち

椎

훈·음 몽치 **추**
등뼈 **추**

음독 つい

堆

훈·음 쌓일 **퇴**
쌓을 **퇴**
언덕 **퇴**

음독 たい

420

羅

훈·음 벌일 **라**
그물 **라**
비단 **라**

음독 ら

奪

훈·음 빼앗을 **탈**

훈독 うばう
음독 だつ

擁

훈·음 안을 옹

음독 よう

携

훈·음 끌 휴
가질 휴

훈독 たずさえる, たずさわる

음독 けい

421 催

훈·음 재촉할 최
열 최
베풀 최

훈독 きよおす

음독 さい

焦

훈·음 탈 초

훈독 こげる, こがす, こがれる, あせる

음독 しょう

礁

훈·음 암초 초

음독 しょう

422 隻

훈·음 홀로 척
외짝 척

음독 せき

獲

훈·음 얻을 획

훈독 える

음독 かく

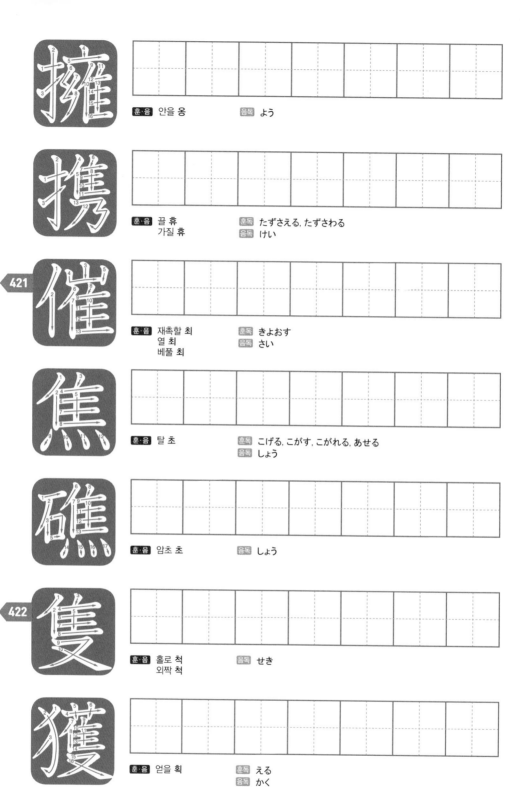

穫

훈·음 거둘 확
음독 かく

423 勧

훈·음 권할 권
훈독 すすめる
음독 かん

歓

훈·음 기뻐할 환
음독 かん

424 鶴

훈·음 학 학
훈독 つる

雄

훈·음 수컷 웅
클 웅
훈독 お, おす
음독 ゆう

425 羽

훈·음 날개 우
깃 우
훈독 は, はね
음독 う

翼

훈·음 날개 익
도울 익
훈독 つばさ
음독 よく

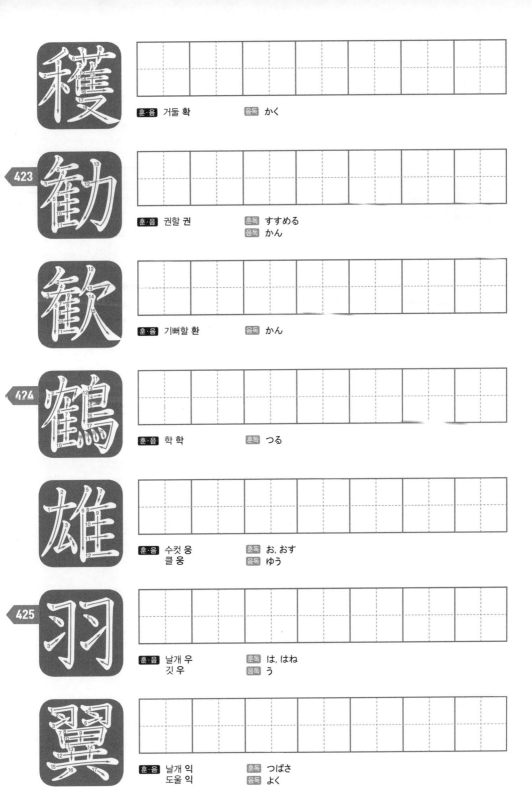

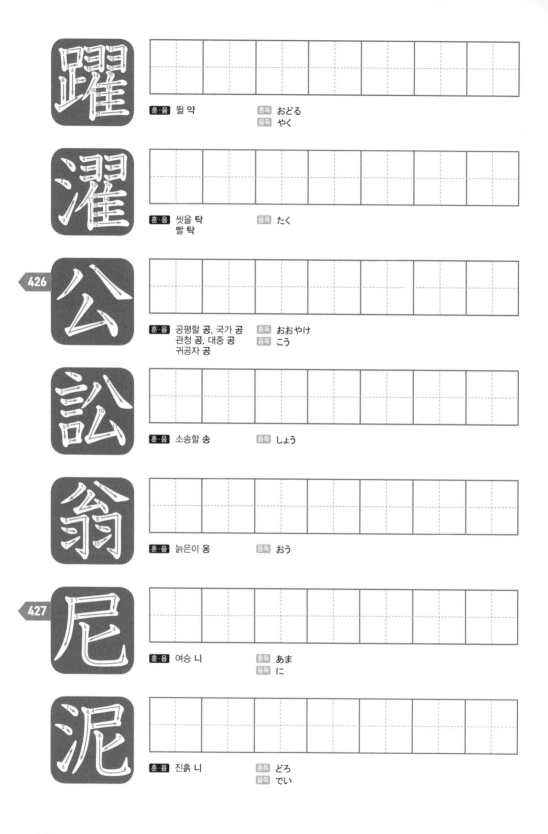

躍

훈·음 뛸 **약**

훈독 おどる
음독 やく

濯

훈·음 씻을 **탁**
빨 **탁**

음독 たく

426

公

훈·음 공평할 **공**, 국가 **공**
관청 **공**, 대중 **공**
귀공자 **공**

훈독 おおやけ
음독 こう

訟

훈·음 소송할 **송**

음독 しょう

翁

훈·음 늙은이 **옹**

음독 おう

427

尼

훈·음 여승 **니**

훈독 あま
음독 に

泥

훈·음 진흙 **니**

훈독 どろ
음독 でい

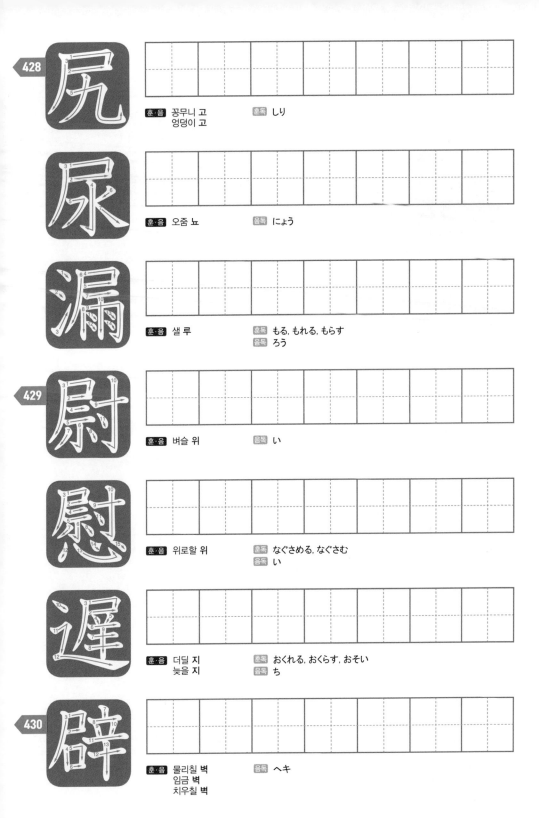

428

尻

훈·음 꽁무니 고
엉덩이 고

훈독 しり

尿

훈·음 오줌 뇨

음독 にょう

漏

훈·음 샐 루

훈독 もる, もれる, もらす
음독 ろう

429

尉

훈·음 벼슬 위

음독 い

慰

훈·음 위로할 위

훈독 なぐさめる, なぐさむ
음독 い

遅

훈·음 더딜 지
늦을 지

훈독 おくれる, おくらす, おそい
음독 ち

430

辟

훈·음 물리칠 벽
임금 벽
치우칠 벽

음독 ヘキ

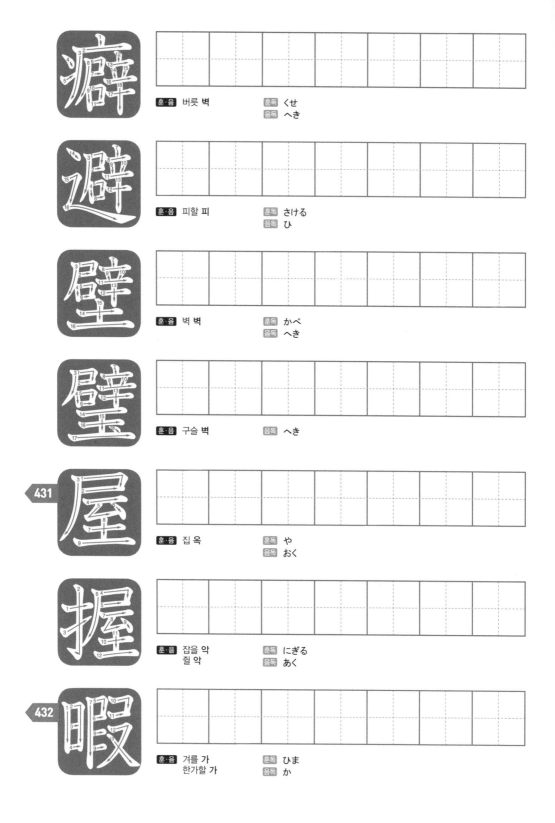

癖

훈·음 버릇 벽

훈독 くせ
음독 へき

避

훈·음 피할 피

훈독 さける
음독 ひ

壁

훈·음 벽 벽

훈독 かべ
음독 へき

璧

훈·음 구슬 벽

음독 へき

431 屋

훈·음 집 옥

훈독 や
음독 おく

握

훈·음 잡을 악
쥘 악

훈독 にぎる
음독 あく

432 暇

훈·음 겨를 가
한가할 가

훈독 ひま
음독 か

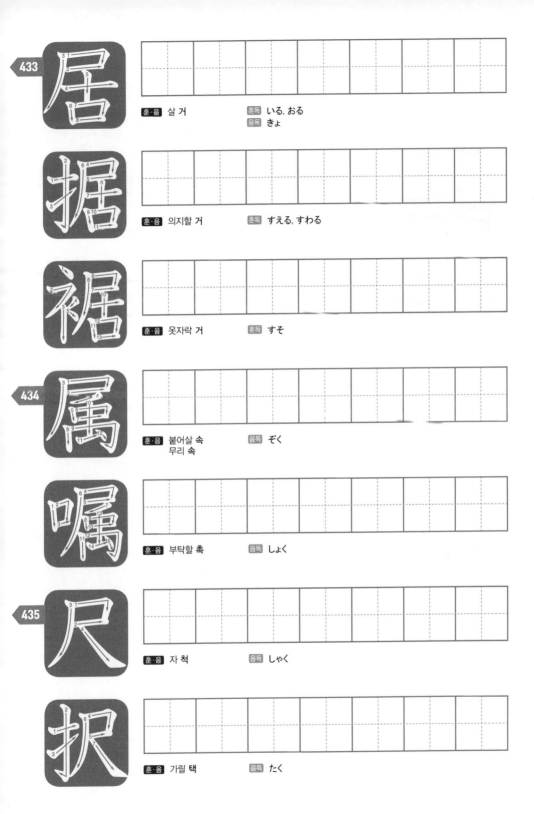

433 居

훈·음 살 거

훈독 いる, おる
음독 きょ

据

훈·음 의지할 거

훈독 すえる, すわる

裾

훈·음 옷자락 거

훈독 すそ

434 属

훈·음 붙어살 속
무리 속

음독 ぞく

嘱

훈·음 부탁할 촉

음독 しょく

435 尺

훈·음 자 척

음독 しゃく

択

훈·음 가릴 택

음독 たく

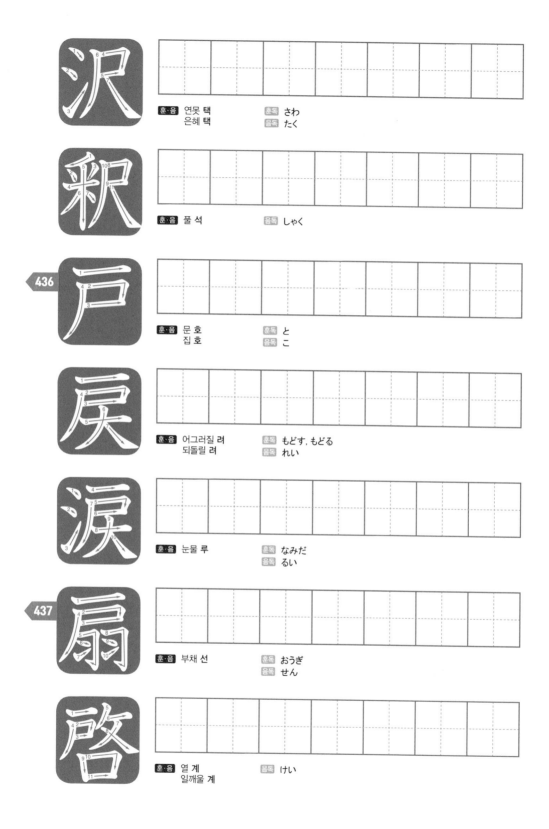

沢

훈·음 연못 택
은혜 택

훈독 さわ
음독 たく

釈

훈·음 풀 석

음독 しゃく

436

戸

훈·음 문 호
집 호

훈독 と
음독 こ

戻

훈·음 어그러질 려
되돌릴 려

훈독 もどす, もどる
음독 れい

涙

훈·음 눈물 루

훈독 なみだ
음독 るい

437

扇

훈·음 부채 선

훈독 おうぎ
음독 せん

啓

훈·음 열 계
일깨울 계

음독 けい

438 肩

훈·음 어깨 견

훈독 かた

음독 けん

雇

훈·음 품 팔 고
머슴 고

훈독 やとう

음독 こ

顧

훈·음 돌아볼 고

훈독 かえりみる

음독 こ

439 煙

훈·음 연기 연
담배 연

훈독 けむる, けむり, けむい

음독 えん

440 要

훈·음 중요할 요
필요할 요

훈독 いる, かなめ

음독 よう

腰

훈·음 허리 요

훈독 こし

음독 よう

441 票

훈·음 표 표

음독 ひょう

漂

훈·음 뜰 표
빨래할 표

훈독 ただよう
음독 ひょう

遷

훈·음 옮길 천

음독 せん

442 栗

훈·음 밤 률

훈독 くり

慄

훈·음 두려울 률

음독 りつ

443 井

훈·음 우물 정
우물틀 정

훈독 い
음독 せい, しょう

丼

훈·음 덮밥 정

훈독 どんぶり, どん

刑

훈·음 형벌 형

음독 けい

444

溝

훈·음 개울 구

훈독 みぞ
음독 こう

購

훈·음 살 구

음독 こう

445

寒

훈·음 찰 한

훈독 さむい
음독 かん

塞

훈·음 막을 색
변방 새

훈독 ふさがる, ふさぐ
음독 さい, そく

446

壌

훈·음 고운 흙 양
땅 양

음독 じょう

嬢

훈·음 아가씨 양

음독 じょう

譲

훈·음 사양할 양
겸손할 양

훈독 ゆずる
음독 じょう

醸

훈·음 빚을 양

훈독 かもす
음독 じょう

447 復

훈·음 다시 부
돌아올 복

음독 ふく

覆

훈·음 덮을 부
다시 복
뒤집힐 복

훈독 おおう, くつがえす, くつがえる
음독 ふく

履

훈·음 신 리
밟을 리

훈독 はく
음독 り

448 虎

훈·음 범 호

훈독 とら
음독 こ

逓

훈·음 전할 체

음독 てい

449 虚

훈·음 빌 허
헛될 허

훈독 むなしい
음독 きょ, こ

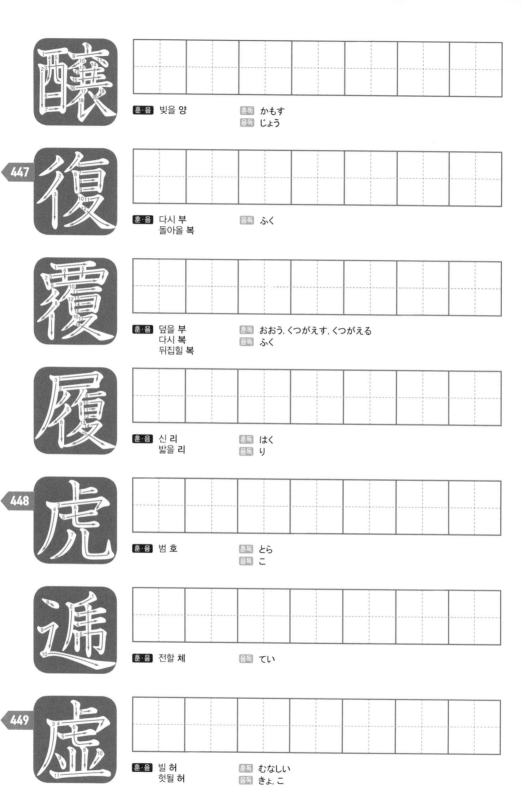

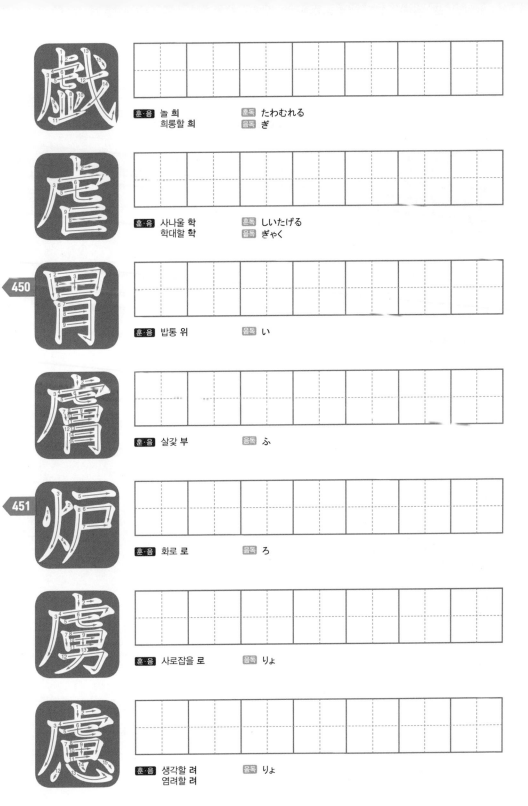

戯

훈·음 놀 희
희롱할 희

훈독 たわむれる
음독 ぎ

虐

훈·음 사나울 학
학대할 학

훈독 しいたげる
음독 ぎゃく

450

胃

훈·음 밥통 위

음독 い

膚

훈·음 살갗 부

음독 ふ

451

炉

훈·음 화로 로

음독 ろ

虜

훈·음 사로잡을 로

음독 りょ

慮

훈·음 생각할 려
염려할 려

음독 りょ

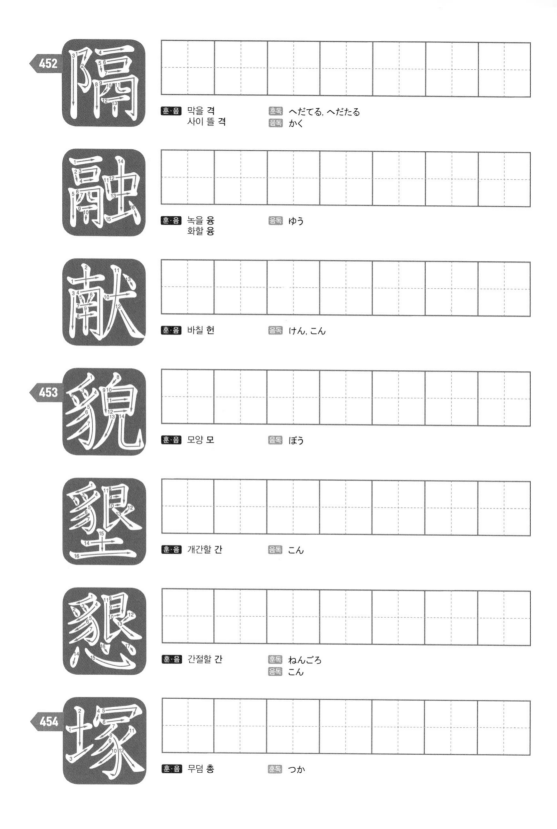

452

隔

훈·음 막을 격
사이 뜰 격

훈독 へだてる, へだたる
음독 かく

融

훈·음 녹을 융
화할 융

음독 ゆう

献

훈·음 바칠 헌

음독 けん, こん

453

貌

훈·음 모양 모

음독 ぼう

墾

훈·음 개간할 간

음독 こん

懇

훈·음 간절할 간

훈독 ねんごろ
음독 こん

454

塚

훈·음 무덤 총

훈독 つか

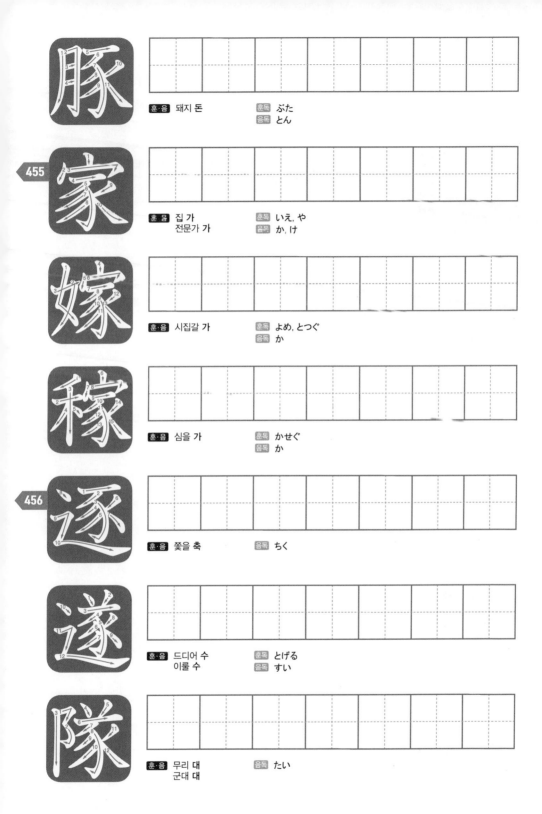

豚

훈·음 돼지 돈

훈독 ぶた
음독 とん

455 家

훈·음 집 가
전문가 가

훈독 いえ, や
음독 か, け

嫁

훈·음 시집갈 가

훈독 よめ, とつぐ
음독 か

稼

훈·음 심을 가

훈독 かせぐ
음독 か

456 逐

훈·음 쫓을 축

음독 ちく

遂

훈·음 드디어 수
이룰 수

훈독 とげる
음독 すい

隊

훈·음 무리 대
군대 대

음독 たい

墜

훈·음 떨어질 추

음독 つい

457

処

훈·음 곳 처
살 처
처리할 처

훈독 ところ

음독 しょ

拠

훈·음 의지할 거

훈독 よる

음독 きょ, こ

458

縁

훈·음 인연 연

훈독 ふち

음독 えん

剥

훈·음 벗길 박

훈독 はがす, はがれる, はぐ, はげる

음독 はく

459

充

훈·음 가득 찰 충
채울 충

훈독 あてる

음독 じゅう

銃

훈·음 총 총

음독 じゅう

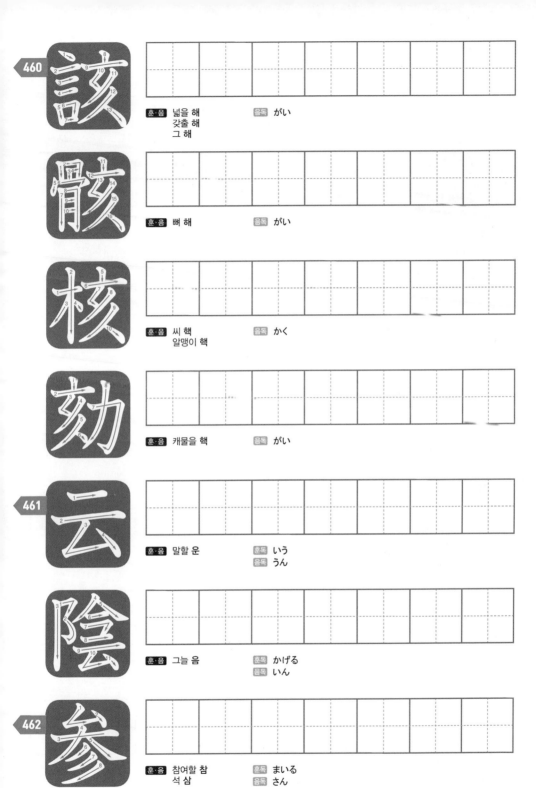

460 該

훈·음 넓을 해
갖출 해
그 해

음독 がい

骸

훈·음 뼈 해

음독 がい

核

훈·음 씨 핵
알맹이 핵

음독 かく

劾

훈·음 캐물을 핵

음독 がい

461 云

훈·음 말할 운

훈독 いう
음독 うん

陰

훈·음 그늘 음

훈독 かげる
음독 いん

462 参

훈·음 참여할 참
석 삼

훈독 まいる
음독 さん

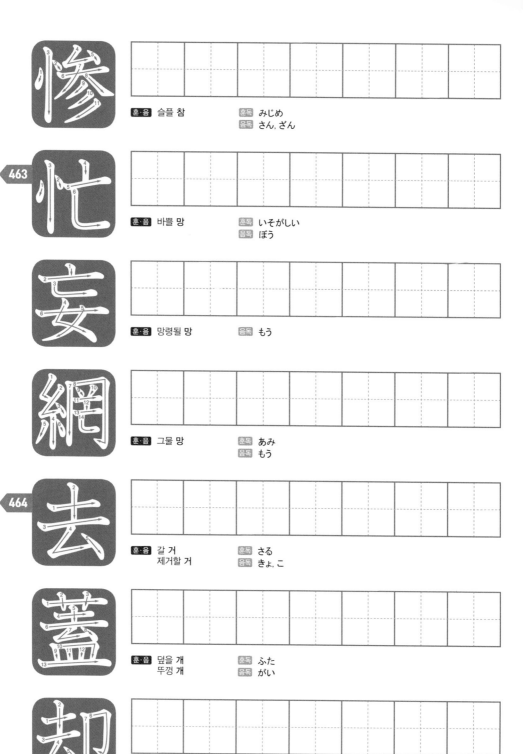

惨

훈·음 슬플 참

훈독 みじめ

음독 さん, ざん

463 忙

훈·음 바쁠 망

훈독 いそがしい

음독 ぼう

妄

훈·음 망령될 망

음독 もう

網

훈·음 그물 망

훈독 あみ

음독 もう

464 去

훈·음 갈 거
제거할 거

훈독 さる

음독 きょ, こ

蓋

훈·음 덮을 개
뚜껑 개

훈독 ふた

음독 がい

却

훈·음 물리칠 각

음독 きゃく

脚

훈·음 다리 **각**

훈독 あし

음독 きゃく, きゃ

465 育

훈·음 기를 **육**

훈독 そだつ, そだてる, はぐくむ

음독 いく

徹

훈·음 통할 **철**
뚫을 **철**

음독 てつ

撤

훈·음 거둘 **철**

음독 てつ

466 台

훈·음 별 **태**, 나 **이**
기쁠 **이**, 누각 **대**
정자 **대**, 태풍 **태**

음독 だい, たい

胎

훈·음 아이 밸 **태**
처음 **태**

음독 たい

冶

훈·음 대장간 **야**
단련할 **야**

음독 や

怠

훈·음 게으를 태

훈독 おこたる, なまける

음독 たい

467 至

훈·음 이를 지
지극할 지

훈독 いたる

음독 し

窒

훈·음 막힐 질

음독 ちつ

到

훈·음 이를 도
주도면밀할 도

음독 とう

倒

훈·음 넘어질 도
거꾸로 도

훈독 たおす, たおれる

음독 とう

468 致

훈·음 이룰 치
이를 치

훈독 いたす

음독 ち

緻

훈·음 빽빽할 치

음독 ち

469 棄

훈·음 버릴 기 음독 き

華

훈·음 화려할 화
빛날 화
훈독 はな
음독 か, け

470 俊

훈·음 뛰어날 준 음독 しゅん

唆

훈·음 부추길 사
훈독 そそのかす
음독 さ

471 幻

훈·음 허깨비 환
훈독 まぼろし
음독 げん

幽

훈·음 숨을 유
아득할 유
음독 ゆう

472 幾

훈·음 몇 기
기미 기
훈독 いく
음독 き

畿

훈·음 경기 기

음독 き

473 郷

훈·음 시골 향
고향 향

훈독 さと

음독 きょう, ごう

響

훈·음 울릴 향
소리 향

훈독 ひびく

음독 きょう

474 渓

훈·음 시내 계

음독 けい

鶏

훈·음 닭 계

훈독 にわとり

음독 けい

475 湿

훈·음 젖을 습

훈독 しめる, しめす

음독 しつ

顕

훈·음 드러날 현

음독 けん

476 畜

훈·음 기를 축

음독 ちく

蓄

훈·음 쌓을 축

훈독 たくわえる
음독 ちく

477 玄

훈·음 검을 현
오묘할 현

음독 げん

舷

훈·음 뱃전 현

음독 げん

弦

훈·음 활시위 현

훈독 つる
음독 げん

478 滋

훈·음 불을 자
맛 자

훈독 しげる
음독 じ

慈

훈·음 사랑 자
어머니 자

훈독 いつくしむ
음독 じ

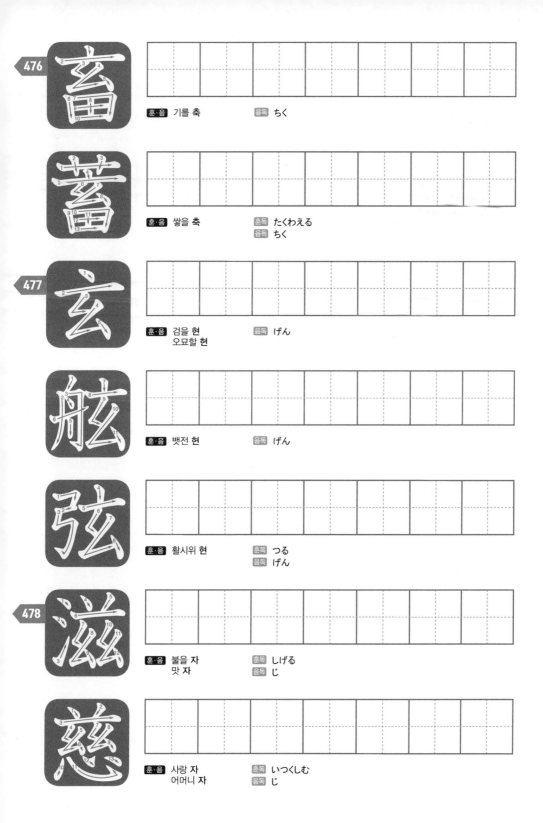

479 糸

훈·음 실 사
실 사 변

훈독 いと
음독 し

系

훈·음 이을 계
혈통 계

음독 けい

縄

훈·음 노끈 승

훈독 なわ
음독 じょう

亀

훈·음 거북 구
거북 귀
터질 균

훈독 かめ
음독 き

480 孫

훈·음 손자 손

훈독 まご
음독 そん

遜

훈·음 겸손할 손

음독 そん

県

훈·음 고을 현

음독 けん

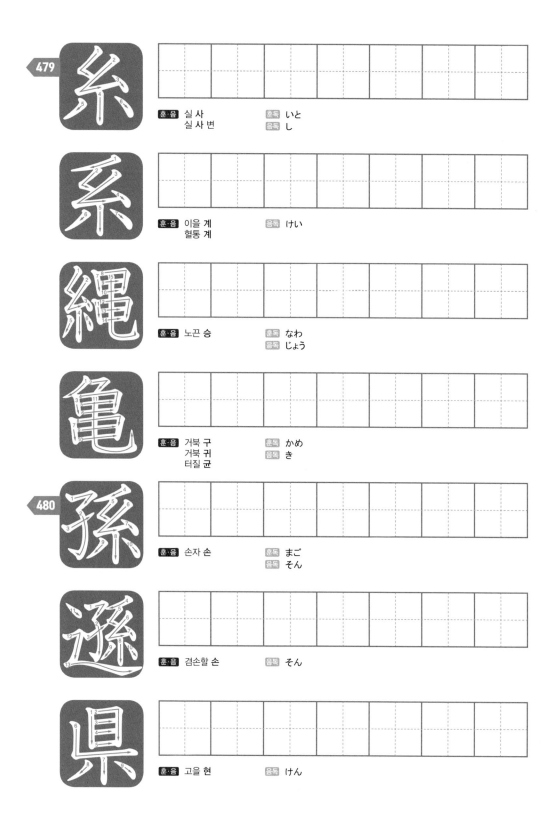

훈·음 매달 현
멀 현

훈독 かける, かかる
음독 けん, け